Kohlhammer
Standards Psychologie

Basisbücher und Studientexte

Herausgegeben von
Theo W. Herrmann
Werner H. Tack
Franz E. Weinert

Teilgebiet: Motivationspsychologie

Karl Heinz Stäcker

Frustration

Verlag W. Kohlhammer
Stuttgart Berlin Köln Mainz

CIP-Kurztitelaufnahme der Deutschen Bibliothek

Stäcker, Karl Heinz
Frustration. – 1. Aufl. – Stuttgart, Berlin,
Köln, Mainz: Kohlhammer, 1977.
  (Kohlhammer-Standards Psychologie:
  Studientext: Teilgebiet Motivations-
  psychologie)
ISBN 3-17-001345-9

Alle Rechte vorbehalten
© 1977 Verlag W. Kohlhammer GmbH
Stuttgart Berlin Köln Mainz
Verlagsort: Stuttgart
Umschlag: hace
Gesamtherstellung: W. Kohlhammer GmbH
Grafischer Großbetrieb Stuttgart
Printed in Germany

Inhalt

1.	Einleitung	7
1.1.	Vorverständnisse	7
1.2.	Vorklärungen	8
2.	Frustrierung	9
2.1.	Streß und Strafe	10
2.2.	Aversivität	12
2.3.	Frustrierende Ereignisse	17
2.3.1.	Blockierung und Barriere	19
2.3.2.	Konflikt und Konkurrenz	21
2.3.3.	Liebesentzug	22
2.4.	Nicht-Bekräftigung nach Bekräftigung	29
2.4.1.	Belohnungsreduktion	30
2.4.2.	Belohnungsaufschub	34
2.5.	Frustrierung im Lernprozeß	40
2.5.1.	Partielle Bekräftigung, Löschungsresistenz	41
2.5.2.	Unterscheidungslernen, Verhaltenskontrast	44
3.	Frustrabilität	48
3.1.	Erfahrung und Erwartung	48
3.2.	Bewertung, Benennung und Bedeutung	51
3.3.	Frustrationstoleranz	53
4.	Frustration	55
4.1.	Frustrationseffekte	55
4.1.1.	Primärer Frustrationseffekt	55
4.1.2.	Sekundärer Frustrationseffekt	58
4.2.	Frustrationsfolgen	60
4.2.1.	Primäre Frustrationsfolge: Intensivierung	61
4.2.2.	Sekundäre Frustrationsfolge: Vermeidung	69
5.	Die Tauglichkeit des Frustrationskonzepts	77
6.	Zusammenfassung	80
Literaturverzeichnis		82

*Selig sind, die nichts erwarten,
denn sie sollen
nicht enttäuscht werden.*

1. Einleitung

1.1. Vorverständnisse

Es ist nahezu modisch geworden, Unbehagen, Unlust, Unbill als »Frustration« zu benennen. So mag es kommen, daß eine wissenschaftliche Klärung dieses Konzepts zumindest zunächst selber zu einer Frustration führt.
Freud, dessen neurosentheoretisch zentraler Begriff der »Versagung« als »Frustration« über verschiedene Wege und Weiterentwicklungen auf uns zurückgekommen ist, hat einmal von den drei großen Enttäuschungen gesprochen, die dem menschlichen Selbstgefühl durch Kopernikus, Darwin und dann Freud selbst zugefügt worden sind. Unser Text wird sich mit der Psychologie der Enttäuschungen selbst befassen, freilich mit Enttäuschungen minderen Ranges, ja in vielen Fällen und an manchen Stellen wird unser empirisch orientierter Versuch sich nicht einmal am Menschen, nicht am Verhalten von Versuchspersonen, sondern an Versuchstieren orientieren. Inwieweit dies dem Leser selbst zur Frustration gerät, wird zu allererst von seinen wie immer gespannten Erwartungen, sprich antizipatorischen Reaktionen, abhängen. Unser Vorspann mag dazu beitragen, Frustrationstoleranz gegenüber dem Folgenden zu erhöhen.
Das alltägliche Vorverständnis von Frustration meint in der Regel einen unlustvoll erlebten inneren Zustand, eine aversiv getönte Befindlichkeit, wie sie im Gefolge von Konflikten, genauer noch im Anschluß an das Ausbleiben von erwarteten Befriedigungen oder intendierten Zielerreichungen überhaupt auftreten kann. Frustration als derartige aversive Befindlichkeit wird vom anderen und dem Beobachter erschlossen über Äußerungen, Reaktionen, Folgeverhalten des Betroffenen, wird zugänglich vor dem Hintergrund vergleichbarer Fremd- und Selbsterfahrung. Wir schließen auf Frustration über die Frustrationseffekte bzw. Frustrationsfolgen.
Allgemein bestimmt kann dann je nach dem Grad theoretischer Systematisierung und empirischer Verankerung Frustration als intervenierende Variable begriffen werden, die zwischen Frustrierung (z. B. Essensentzug oder Liebesentzug) und den spezifisch daraus resultierenden unmittelbaren Effekten (z. B. motorische Unruhe) oder längerfristigen Folgen (z. B. Depressionen) vermittelt.
In grober Gliederung führen unsere Überlegungen zum Vorverständnis des Gegenstandes damit zu folgenden ersten definitorischen Unterscheidungen:
1. F. als unabhängige Variable (Frustrierung)
2. F. als intervenierende Variable (Frustration; frustrativer Zustand)
3. F. als abhängige Variable (Frustrationseffekt; Frustrationsfolge).
Die Frustrationsforschung bemüht sich um die Systematisierung, Klassifizierung und Operationalisierung dieser Variablengruppen und die funktionalen Beziehungen zwischen ihnen. Schließlich wird die Analyse der Bedingungen, unter denen angenommene, induzierte Frustrierungen zu Frustrationseffekten führen, ein wesentlicher Bestandteil der psychologischen Analyse sein müssen. Im Fallbeispiel: Wenn unser Auto nicht anspringt, mit dem wir zu einem bestimmten

Kongreß fahren wollten oder wenn uns die Freundin, die wir schon immer loswerden wollten, zum Rendezvous versetzt, so werden diese unabhängigen Reizungen — wenngleich apriori als Frustrierungen klassifiziert — nicht unbedingt Frustrationen bedeuten und bewirken. Andererseits wird das Ausbleiben frustrativer Folgen nach Frustrierung auf einer bestimmten Reaktionsebene oder an einer bestimmten Stelle der Reaktionssequenz die Frage nach der Verarbeitung oder auch Abwehr tatsächlich erfolgter Frustration aufwerfen. Die Beobachtung, daß unser Freund sich erleichtert gibt, nachdem ihn besagte Freundin versetzt hat, läßt auf dieser Reaktionsebene die psychologische Frage noch offen, aus welcher Affäre er sich damit zieht. Umgekehrt mag auch einmal Frustration behauptet werden, wo tatsächlich keine erfahren wurde. So könnte unser oben erwähnter Freund, wenn er nun in einer Art von Identifikation mit dem Frustrator seinerseits seine nächste Freundin frustriert, in geheimer Schadensfreude beteuern, wie leid ihm das alles tue und wie sehr ihn das alles mitnehme. Oder dem cleveren kleinen Kurt steht es seinem Lehrer gegenüber gut an, seine tiefe Enttäuschung darüber zu zeigen, daß die Schule gerade heute ausfällt.

1.2. Vorklärungen

Es wird sich zeigen, daß dies, was hier mit leichter Hand und common sense sich aus Alltagserfahrungen ergibt und womit wir sinnvoll pragmatisch rechnen und umgehen, für die wissenschaftliche Klärung des Frustrationskonzeptes erhebliche definitorische Probleme aufwirft, Probleme, die sich dem psychologischen Praktiker in Diagnose und Therapie wie auch dem Forscher im Experiment stellen. So ist es beispielsweise angesichts einer Reihe hier einschlägiger Untersuchungen eine interessante Frage, was als frustrierende experimentelle Bedingung im gegebenen Experiment gesetzt wird, und für wen diese Bedingung ein frustrierendes Ereignis darstellt, allgemeiner gesprochen, inwieweit etwa Frustratoren reaktionsunabhängig definierbar sind. Im Gegensatz zu mehr operationalbehavioristischen Bestimmungen, denen wir uns hier und später anschließen, heben Krech & Crutchfield (1968) darauf ab, Frustration als »Zustand des Organismus« zu bestimmen; eben insofern es auch Frustrationserlebnisse ohne erkennbare Interferenz von Zielreaktionen gäbe. Auf die methodischen Probleme, die damit gesetzt werden, wird späterhin genauer einzugehen sein.
In erster Annäherung lassen sich frustrierende Ereignisse leicht hypostasieren, auflisten und klassifizieren. Für solche hypothetische Klassifikation bieten sich folgende Gesichtspunkte an:
1. *Passive Frustrierung:* Unerreichbarkeit eines intendierten Zieles, ohne daß eine externe Bedrohung wahrgenommen wird. Das Kind wird durch ein Gitter vom geliebten Spielzeug getrennt.
   Aktive Frustrierung: Einschränkung der Reaktionsmöglichkeiten durch bedrohliche Reize; Damoklesschwert.
2. *Externale Frustrierung:* Das erwünschte Ereignis oder Objekt liegt zu weit entfernt in Raum und/oder Zeit; die Geliebte in der Ferne, die lange Zeit bis Weihnachten.
   Internale Frustrierung: intellektuelle, körperliche, emotionale Defekte, Konflikte.
3. *Konfrontative Frustrierung:* Der frustrierende Reiz trifft real hier und jetzt; ich erhalte eben wieder die Mahnung des Verlags, das Manuskript nun endlich abzuliefern.

Antizipatorische Frustrierung: Der frustrierende Reiz wird erwartet, die Erwartung selbst erzeugt Frustration; Schlaflosigkeit, weil ich dauernd mit dem Schlimmsten rechne, Frustrierung durch Bedrohung.

Ein solch breites Spektrum frustrierender Ereignisse macht die Unschärfe des gängigen Konzepts deutlich. Dies breite Spektrum frustrativer Ereignisse offeriert sich natürlich auch im Überblick all der inhaltlichen Faktoren und Schemata, die als potentielle frustrierende Bedingungen hypostasiert werden. So werden bei gängigen frühkindlichen und kindlichen Entwicklungsschritten gerade auch in klinischer Theorienbildung oft per se die implizierten frustrierenden Komponenten in den Mittelpunkt schwer überprüfbarer theoretischer Ableitungen gestellt. Hierher gehören bevorzugt die Entwöhnungstechniken, sei es durch Frustrierung im Sinne eines angenommenen verfrühten Entzugs der Mutterbrust, oder Bestrafungstendenzen, etwa das Bestreichen der Brustwarzen mit Zitronensaft, wie es Margaret Mead von den Manuanern berichtet. Aufgeben und Änderungen von Eßgewohnheiten werden häufig per se als Frustrierungen interpretiert. Weiterhin werden der Einschränkung von Explorationsverhalten (Berührungstabus), Erziehung zur Sauberkeit, Aufgeben von Abhängigkeitsbedürfnissen, Übernahme vordefinierter Geschlechtsrollen, Anpassung an Altersnormen und Leistungsnormen, schließlich sexuelle Tabus bei gleichzeitiger sexueller Reife in der Pubertät, zu hypostasierten frustrierenden Faktoren, über die sich pauschal leichter schreiben und streiten als empirische Evidenz erlangen läßt.

Die breite Verwendung des Frustrationskonzepts setzt dieses annähernd bedeutungsgleich mit dem Begriff aversiver oder noxischer Reize. Es wird im folgenden Absicht und Aufgabe sein, diesen Begriff der Aversivität festzulegen, die Frustrierung als spezielle Subklasse aversiver Reize zu bestimmen und zunächst einmal gegen andere noxische Ereignisse wie Streß und Strafe abzugrenzen.

2. Frustrierung

Frustrative Reize sind als spezielle Klasse aversiver Reize überhaupt festzulegen. Die Bestimmung der Aversivität eines Reizes mag über die Reduktion der betreffenden Reaktionsrate, über Arten der Reaktion wie Flucht oder Vermeidung erfolgen. Als Maß für die Aversivität von Reizen kann z. B. deren Fähigkeit angesetzt werden, Fluchtreaktionen auszulösen oder wenigstens gelernte Fluchtmotivation zu erhöhen. Das so gereizte Subjekt führt aktiv Reaktionen aus, welche die Tendenz zeigen, die Reizeinwirkung zu beenden.

Im Sinne einer Minimaldefinition kann im Anschluß an Azrin & Holz (1966) von aversiver Reizung gesprochen werden, wenn eine Reduktion der zukünftigen Wahrscheinlichkeit einer spezifischen Reaktion als Ergebnis der Applikation dieses Reizes auf eine Reaktion feststellbar ist. Aversivität wird auf diese Weise verhaltensabhängig bestimmt, die Reizcharakteristik ergibt sich aus den Verhaltenskonsequenzen, der innere Zustand bleibt unspezifiziert.

Für eine operationale Bestimmung von Aversivität ist es notwendig, dieselbe unabhängig von subjektiven Beurteilungen zu definieren, sei es über die Senkung der Wahrscheinlichkeit der zukünftigen Reaktionsrate, sei es über das Fluchtparadigma. Je nach Position und Prozedur werden also Reaktionsreduktion bzw. Flucht-Vermeidungsverhalten Kriterien zur Bestimmung der Aversivität von Stimuli. Damit wird auf eine reaktionsunabhängige Definition verzichtet. Meyer

(1971) schlägt entsprechend vor, einen Reiz dann als aversiv zu bezeichnen, wenn er gelernte Fluchtreaktionen motiviert, oder aber wenn er die Wahrscheinlichkeit einer Reaktion, auf die er kontingent erfolgt, reduziert.

2.1. Streß und Strafe

Im Rahmen der Diskussion allgemeiner aversiver Reizbedingungen ist der Begriff »Streß« abzuheben bzw. einzuordnen. Das Konzept, ursprünglich bezogen auf charakteristische physiologische Reaktionen bzw. deren Faktoren (Stressoren), hat in vielen Verbindungen und Weiterungen auch innerhalb psychologischer Theorienbildung zu Bedeutungserweiterungen geführt, die eine scharfe Abgrenzung gegenüber Begriffen wie Angst, Konflikt, Emotion, Frustration, Erregung nicht mehr zulassen. Es wäre u. E. für die Präzisierung der einschlägigen Terminologie sinnvoll, die Anwendung des Terms auf die bekannten psychophysiologischen Reaktionen auf aversive Bedingungen im Sinne des Adaptationssyndroms zu begrenzen und die Bezeichnung »Stressor« auf diejenigen aversiven Reize oder Reizkomponenten zu beziehen, die sich eben diesen Reaktionen zuordnen lassen. Als alternative Möglichkeit zur Konzeptklärung könnte die Theorie von Cofer & Appley (1964) herangezogen werden, in der u. a. Streß und Frustration als verschiedene Stadien im Problemlösungsprozeß wie folgt festgelegt werden:

— *Anreiz-Schwelle:* Die habituelle Problemlösungsstrategie ist unzureichend. Entwicklung neuer Lösungstechniken.
— *Frustrations-Schwelle:* Neue Lösungstechniken sind ebenfalls unzureichend oder werden blockiert. Bedrohung. Einsetzen von Angstreaktionen. Steigerung der Anstrengung.
— *Streß-Schwelle:* Anstrengungen bleiben erfolglos, Angstreaktionen halten an, das aufgabenbezogene Verhalten fällt zunehmend zugunsten von Selbstschutzreaktionen aus. Einsatz von Abwehrmechanismen.
— *Erschöpfung:* Vergeblichkeit der Abwehrtendenzen, Zustand der Hilflosigkeit, Ermüdung, Hemmung. Abfall der Aktivität.

Man sieht, daß diese Prozeß-Schematisierung weitgehend den ursprünglichen Phasen der Streßtheorie entspricht, nämlich Alarmierung, Widerstand, Erschöpfung.

Gegenüber der heute weitgehend üblichen vagen und weiten Bedeutung von »Streß«, die damit annähernd deckungsgleich mit aversiven, noxischen Bedingungen überhaupt wird, scheint es zur klärenden Abgrenzung des Frustrationskonzeptes sinnvoller und stringenter, zunächst innerhalb eines verstärkertheoretischen Konzepts vorzugehen. Dies bedeutet im nächsten Schritt, die Explikation der Anwendung aversiver Reize im Sinne der Bestrafung. Bestrafung ist die Anwendung aversiver Reize, mithin eine Prozedur, bei der ein aversiver Reiz kontingent auf eine Reaktion dargeboten wird. Außer dieser Darbietung von Strafreizen (wie z. B. E-Schock, laute Geräusche, grelle Beleuchtung, extreme Temperaturen) wollen wir aber auch die Elimination positiv bekräftigender Reize, also etwa das Ausbleiben erwarteter Belohnungen, was später im engeren Sinne als Frustrierung bezeichnet werden soll, zur Klasse aversiver Reizbedingungen rechnen. Das Konstrukt der Aversivität würde somit im experimentellen Bezug sowohl die Applikation von Strafreizen als auch die Elimination von Belohnungsreizen betreffen, mithin Bestrafung und Frustrierung. Daß beide Operationen in diesem Konstrukt zusammenfaßbar sind, wird wiederum über die Gleichsinnigkeit einer Reihe der relevanten Effekte als auch der Bedingungen, unter denen diese Effekte zustande kommen, empirisch legitimiert. Es wird späterhin zu prüfen und zu belegen sein, inwieweit beispielsweise der Effekt der Reaktionsunterdrückung (Suppression) nicht allein für Strafprozeduren, sondern für die Setzung aversiver Reizbedingungen überhaupt gilt, mithin auch für Frustrierung.

Im folgenden sind die wichtigsten Thesen zur Theorie und Empirie der Setzung aversiver Reize im Sinne von »punishment« kurz zu rekapitulieren:

Bestrafung ist als Ereignis aufzufassen, das als Verhaltenskonsequenz die zukünftige Wahrscheinlichkeit eines Verhaltens vermindert. Diese Kurzbestimmung impliziert: Der innere Zustand des Subjekts bleibt unberücksichtigt. Weiterhin muß ein Strafreiz eindeutig identifizierbar sein. Diese letzte Forderung erlaubt die Ausklammerung von Sättigung, die als Verhaltensresultat auf der Operationslinie positiver Bekräftigungen liegt, sowie von Löschung, bei der kein verhaltensproduzierender, angewandter Reiz vorliegt. Es muß eine Reaktion spezifizierbar sein, auf die der Reiz erfolgt, bei Nicht-Reaktion kann in diesem Sinne nicht von Bestrafung gesprochen werden, was die Abgrenzung zum Flucht-Vermeidungsverhalten erlaubt.

Letztlich hebt die Bestimmung auf die Wahrscheinlichkeit zukünftigen Verhaltens ab, ein mehr aktuelles Aussetzen der Reaktion wird als unzureichend erachtet. Diese Festlegung von »Bestrafung« folgt im Kern dem Ansatz von Azrin & Holz (1966) und scheint uns ebenso parsimonisch wie experimentell fruchtbar zu sein. Es ist anzumerken, daß die Belohnung der suppressiven Verhaltenskonsequenzen eine deutlichere Unterscheidung vom Flucht-Vermeidungs-Paradigma erlaubt. Es sei in diesem Zusammenhang an Skinners (1953) Bestimmung erinnert, wonach ein aversiver Reiz die Wahrscheinlichkeit von Reaktionen erhöht, die den aversiv gesetzten Zustand beenden. Es ist u. E. demgegenüber aber deutlich daran festzuhalten, daß die Strafcharakteristik eines Stimulus auch unabhängig von beobachtbarer Fluchtreaktion annehmbar sein muß, zumal für experimentelle Anordnungen, die kein Fluchtverhalten im präzisen Sinne zulassen.

Die empirische Erfassung der Bestrafungsprozeduren zeigt, daß der zentrale Effekt der Reaktionsunterdrückung oder Reaktionsreduktion nur unter ganz bestimmten Bedingungen eintritt. Als wichtigste Variablen, die eine maximale Wirksamkeit von Bestrafung bedingen, können stichwortartig angeführt werden:
— Verhinderung von Flucht
— hohe Intensität
— hohe Frequenz
— Kontingenz
— unmittelbar volle Intensität
— keine differentielle Verknüpfung mit positiver Bekräftigung
— hinreichend positiv bekräftigende Alternativreaktionen.

Weiterhin ist allgemeiner festzuhalten, daß die Effekte als Kombination von Charakteristiken der Strafreize, des bestraften Verhaltens sowie des bestraften Subjekts aufzufassen sind. Ebenso wie der Bestrafungseffekt selbst nur unter spezifizierbaren Bedingungen resultiert, scheint auch die Zeitdauer, über die dieser Effekt erhalten bleibt, von bestimmten Bedingungen abhängig. Hierbei kommt dem Bestrafungsplan offenbar primäre Bedeutung zu, man vgl. die höhere Rate beim Wiedereinsetzen der bestraften Reaktionen (Reversion) nach vglw. kontinuierlicher Bestrafungstechnik. Außerdem ist gerade im Humanexperiment und in der klinischen Praxis zu beachten, daß die Möglichkeiten der Verstärkerkontrolle stark eingeengt sind, man vergleiche unkontrollierte Umweltvariablen, die wiederum als Bekräftigung der im Labor bestraften Reaktion fungieren. Die Angaben über die Persistenz von Strafwirkungen sind entsprechend inkonsistent. Dies gilt entsprechend auch für die Frustrierungsprozeduren im Sinne des Verstärkerentzuges.

Neben der Persistenz von Strafeffekten ist deren Generalisierung geradezu auch für die klinische Anwendung von besonderer Bedeutung. Die häufig beobachtete beträchtliche Diskriminationsleistung zwischen Personen wie Situationen reduziert die gewünschten Effekte. Variation der Strafreize, etwa auch Variation der strafenden Personen im therapeutischen Fall, Ausweitung der Bestrafungskontingenz über verschiedene Situationen unterstützen den Suppressionseffekt.

2.2. Aversivität

Der Anwendung noxischer Reize (Bestrafung) sowie der Wegnahme positiver Bekräftigungen (Frustrierung) werden aversive Charakteristik und die entsprechenden Verhaltenseffekte zugeordnet. Zur Einführung in die tierexperimentelle Aufbereitung des Problems sei folgendes Experiment skizziert (vgl. Abb. 1):

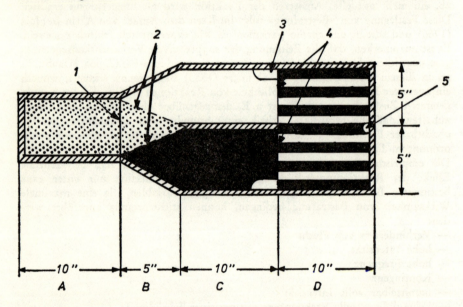

Abb. 1: Versuchsbox (n. Wagner 1969)
1) Starttür
2) Zwischentüren
3) Futternapf
4) Ausgangstür
5) Futternapf

A) Startbox
B) C) Laufwege
D) Zielbox

Übungsphase: Die Versuchstiere werden in die Startbox gesetzt. Die Tür zwischen Startbox und Aufenthaltsraum wird geöffnet, exakt 30 Sekunden später wird die Ausgangsfalltür geöffnet, das Tier kann die gestreifte Zielbox betreten und findet dort eine definierte Futtermenge vor. Jedes Versuchstier (Vt) hat Zugang nur zu einem der beiden Wege, die Hälfte der Tiere nach schwarz, die andere Hälfte nach weiß. Während des 30

Sekunden-Intervalles wird jedoch die Hälfte der beiden Tiergruppen mit Futter belohnt, die Restgruppe wird im Aufenthaltsraum nie belohnt. Die 12 Tiere pro Testgruppe erhalten 70 Übungsläufe über 8 Tage verteilt.

Testphase: Frustrierung erfolgt durch Futterentzug in den Zwischenboxen. Die Zugangsblocks nach den beiden Aufenthaltsräumen werden entfernt, die Tiere können nunmehr frei zwischen den beiden Wegen wählen. Wie in der Übungsphase werden auch jetzt 30 Sekunden nach Öffnen der Starttüren die Zieltüren geöffnet und alle Vt in der Zielbox belohnt, die nunmehr von beiden Zwischenboxen aus zugänglich ist, also vom geübten Zwischenweg aus oder auch vom neu gewählten Weg. Es werden 25 Testläufe pro Sitzung gelaufen mit einem mittleren Intertrial-Intervall von 12 Minuten.

Hypothesen: Die vorher in den Zwischenboxen belohnten Vt entwickeln eine Aversion gegenüber dem Weg, auf dem sie frustriert wurden. Das Verhalten der hier nie bekräftigten Tiere sollte demgegenüber anderen Einflußfaktoren (z. B. Explorationsverhalten) unterliegen.

Ergebnisse: Die in der Übungsphase in den Zwischenboxen nicht-belohnten Vt zeigen stabiles Verhalten in der Testphase. So betraten 8 der 12 Vt anfangs denselben Zwischenraum bei 4 von 5 Versuchen in jedem Block von 5 Tests, 4 dieser 8 betraten zuerst die Übungsseite, die anderen 4 die neu zugängliche Seite (individuelle Positions-Präferenzen). Dagegen begannen alle vorher belohnten 12 Vt die Testphase mit einer dominanten Wahl des vorher geübten Weges. Die Anzahl dieser Vt reduzierte sich systematisch während der Testphase, beim letzten Versuchsblock betraten nur noch 3 der vorher belohnten Vt den geübten Zwischenweg (s. Abb. 2).

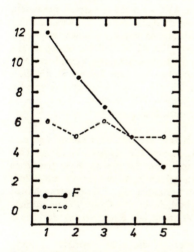
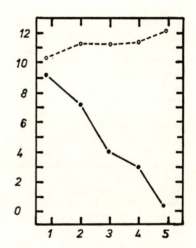

Abb. 2: NB-Versuche (n. Wagner 1969)
    links: Ordinate: Anzahl Vt mit $\geq$ 3 Initialwahlen des Übungsraumes
              Abszisse: Versuchsblöcke
    rechts: Ordinate: Anzahl Vt mit $\geq$ 3 Einheiten in Zielbox vom Übungsraum
              Abszisse: Versuchsblöcke
    F = vorher belohnte Gruppe

Das Verhalten der Gruppe während des 30 Sekunden-Aufenthaltes zeigt, daß eine Exposition im Übungsraum in Anwesenheit von Belohnung aversiver ist für Vt, die dort vorher belohnt wurden. Am Ende der Testphase betraten alle im Mittelweg vorher belohnten Vt die Zielbox vom Alternativweg her!

Die hier durch ein Experiment von Wagner (1963) demonstrierte Aversionscharakteristik von Frustrierung wird noch deutlicher bei folgender Anordnung durch Adelman & Maatsch (1956). Der Unterschied in diesem Experiment zum vorigen liegt lediglich darin, daß alle Vt eine neue spezifische Reaktion erlernen mußten, um aus der Frustrierungs-Box fliehen zu können. Eine Vt-Gruppe erhielt 37 Trainingsläufe mit Belohnung in der Zielbox. Eine zweite Gruppe wurde lediglich vergleichbare 20 Sekunden in der Zielbox plaziert ohne Belohnung. Alle Vt erhielten dann Nicht-Belohnung (NB) mit der Möglichkeit, aus der Zielbox herauszuspringen. Dieser Aussprung sollte frustrationstheoretisch mehr Bekräftigungswert für die vorher gefütterte Gruppe besitzen. Tatsächlich zeigen die Resultate, daß die frustrierte Gruppe schließlich persistente Sprung-Reaktionen mit einer Median-Latenz < 5 Sekunden entwickelt, während die nichtfrustrierte Kontrollgruppe praktisch nach einigen Versuchen innerhalb des 5-Minuten-Kriteriums nicht sprang. Es erscheint wahrscheinlich, daß hier Fluchtverhalten durch Frustrierung erzeugt wurde, was ein Beleg für die Aversivität von Frustrierung wäre, obwohl eine Alternativ-Erklärung im Sinne eines später zu erörternden primären Frustrationseffektes (= Erregungssteigerung, nichtspezifische Erhöhung der Aktivitätsrate) durch dieses Experiment nicht ausgeschlossen werden kann.

Zitieren wir dazu ein drittes Experiment, das wir wiederum Wagner (1963 c) verdanken:

Alle Vt erhielten Training im U-förmigen Laufweg und im kreisförmigen Aufenthaltsraum. Die Tiere wurden im Laufweg nach zufälligem 50 % Bekräftigungsplan behandelt, sie erhielten ein Total von 116 Versuchen samt täglichen Aufenthalten im Versuchskäfig. Alle Vt wurden weiterhin während dieser Phase Lichtblitzen und Geräuschen ausgesetzt. Die Behandlung von 2 Versuchsgruppen differierte lediglich darin, daß bei Gruppe 1 die akustischen Reize nach der Laufweg-Reaktion bei Nicht-Bekräftigungs-Versuchen (NB) appliziert wurden, und zwar so, daß der Reiz unmittelbar vor dem Eintritt in die Zielbox lag, also unmittelbar vor der Frustrierung. Nur bei der Experimentalgruppe also wurden die optischen und akustischen Reize mit frustrativen NB assoziiert. Nach diesem Training folgte die Testung, ob die Beendigung der optisch-akustischen Reizung als Verstärker für neue Reaktionen dient.

In einer Box mit identischen Räumen, getrennt durch eine Tür mit einer Hürde von 2,54 cm Höhe, wurden die Vt in einen Raum mit geschlossener Tür plaziert. Nach der Öffnung nach 2 Minuten wurden Licht und Geräusche appliziert mit der nunmehr gegebenen Möglichkeit, in den Nebenraum über die Hürde zu gelangen. Wenn ein Vt die Hürde übersprang, wurde die Reizgabe beendet, nach 30 Sekunden die Tür erneut geöffnet, Licht und Geräusche erneut angeboten mit der Möglichkeit, in den Originalraum zurückzugelangen. In dieser Weise wurde 16 sukzessive Versuche mit Registrierung der Reaktionszeit gelaufen (s. Abb. 3).

Ergebnisse: Die frustrierte Gruppe reagierte schneller als die nicht-frustrierte Gruppe, wobei die Differenzen in der letzten Hälfte besonders deutlich werden. Dies bedeutet, daß die Reizbeendigung speziell bekräftigend auf die frustrierte Gruppe gewirkt hat. Der Befund mag als empirische Evidenz dafür gewonnen werden, daß Frustrierung im Sinne von NB spezielle aktive Eigenschaften als Resultat einer Bekräftigungserfahrung hat — und zwar aversive Eigenschaften im Sinne der Vermeidung.

Im Kontext unserer Erörterung soll hier zunächst lediglich die Affinität von Bestrafung und Frustrierung im Sinne gemeinsamer Aversionscharakteristik illustriert und festgehalten werden. Nicht-Bekräftigung nach Bekräftigung (NB|B) wird im folgenden als frustrative Nicht-Bekräftigung (f NB) bezeichnet, und daß f NB aversive Reizcharakteristik hat, ist Kernstück der Frustrationstheorie. Die hierzu einschlägigen Experimente belegen die verschiedenen möglichen Bestimmungen von Aversivität. So kann unser zuletzt zitierter Versuch auch in dem Bestimmungssinne interpretiert werden, daß die hierin gesetzte Nicht-Bekräftigung

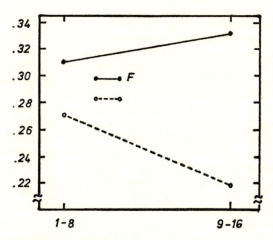

Abb. 3: Reaktion auf Frustrierung (n. Wagner 1969)
　　　Ordinate:　Reaktionsgeschwindigkeit
　　　Abzisse:　　Versuchsblöcke

insofern als aversives Ereignis gelten kann, als dieses Ereignis die Reaktionstendenz erkennen läßt, den Zustand zu beenden oder zu vermeiden. Anders formuliert, wenn Flucht oder Vermeidung in Bezug auf ein Ereignis positive Bekräftigungsqualitäten gewinnen, so kann das Ereignis selbst als »aversiv« begriffen werden (so Solomon 1964). Die Analyse dieses Überganges von aversiver Frustrierung zu Folgereaktionen, die ihren Bekräftigungswert aus dem Beenden der negativen Reizung beziehen, läßt es als bloße semantische Präferenz erscheinen, ob man das Geschehen unter dem Gesichtspunkt der Aversivität oder der positiven Bekräftigung abhandelt. Leitenberg (1965, S. 431) geht so weit, daß er konstatiert: ». . . the concept of aversiveness seems unnecessary. Rather it seems adequate and more parsimonious to explain these findings by just saying: the pattern of behaviour followed by most positive reinforcement is most strengthened«.
Wir halten indes im folgenden am Konzept der Aversivität fest, weil wir die Bestimmung der Aversivität über den Bekräftigungswert der Beendigungsreaktion für theoretisch zu eng halten, so wie die auftretenden Suppressionseffekte nach spezifischen aversiven Reizungen es gerade auch im operationalen Sinne sinnvoll machen, von Bestrafung zu reden.
Kehren wir zu f NB zurück, so bleibt im nächsten Ableitungsschritt festzuhalten, daß per se nur f NB, also NB|B, Aversionscharakter haben kann, nicht aber NB. Diese »Vorgeschichte« in positiver Bekräftigung, also die vorgängige Belohnungserfahrung, wird zur wichtigsten Bestimmungsgröße für Frustration, d. h. F wird in Abhängigkeit von der Größe der Antizipation von B zum Zeitpunkt, wo NB erfolgt, postuliert. Bezogen auf die Aversivität von NB würde dies bedeuten, daß der Aversivitätsgrad von NB abhängig ist von der Größe der antizipierten Belohnung. In einem Experiment von McHose (1963), in dem mit dem doppelten Laufweg gearbeitet wurde, konnte gezeigt werden, daß eine Gruppe von Vt, die in Z_1 vorgängig belohnt worden war, bei beginnenden NB-Versuchsläufen schneller flüchtete als eine nie dort belohnte Gruppe. Wenn nun die der schnelleren Reaktion unterstellte »Motivation« durch Aversivität auf Antizipationen von B beruht, sollte die beobachtete Gruppendifferenz im Maße der Erfahrung mit NB in Z_1 verschwinden. Anders ausgedrückt, mit der Löschung der antizipierten Bekräf-

tigung durch kontinuierliche Nicht-Bekräftigung sollte Aversivität reduzierbar sein. Die hierzu durchgeführten Experimente bestätigen diese Erwartung. Nun wird die Stärke dieser Antizipation von Belohnung von der Lernerfahrung des Subjekts abhängen, im einfachsten Falle also von den vorgängigen, hierher gehörenden erfahrenen Belohnungsgrößen. Frustrationstheoretisch müßten demnach Frustrationseffekte bzw. Aversionsgrad in funktioneller Abhängigkeit von erfahrenen, dann erwarteten Belohnungsgrößen stehen: die Aversivität von NB|B steigt mit der Größe B. Weiterhin: Sind definierte Belohnungsgrößen als UCS mit bestimmten Reizen als CS assoziiert, sollte die postulierte Beziehung auch für diese gelten. In einem Rattenexperiment von Peckham & Amsel (1967) wurden differente Belohnungsgrößen (8 Einheiten vs. 2 Einheiten) mit differenten Farben (schwarz vs. weiß) im parallelen doppelten Laufweg assoziiert. Die Vt erhielten also in den beiden verschieden gefärbten Initialboxen differente Belohnungsmengen; die Zielbox, in welche die beiden Wege mündeten, war grau und enthielt eine konstante Futtergröße. So erhielten definierte Teilgruppen z. B. zwei Einheiten auf der weißen Strecke, acht Einheiten auf der schwarzen Strecke, andere Teilgruppen die umgekehrten Proportionen. Nach 128 Läufen wurde die Belohnung in den Initialstrecken eingestellt (NB|B). Alle Vt machten also jetzt die Erfahrung des Futterentzuges in Z_1, gefolgt von fortgesetzter Fütterung in Z_2, die verschiedenen Teilgruppen differierten in der Größe des entzogenen Betrags, assoziiert mit differenten Farben als Schlüsselreizen. Wie erwartet, zeigen die Vt, denen die größere Futtermenge entzogen wird, die größere Laufgeschwindigkeit nach NB, und es kann gezeigt werden, daß diese abhängige Reaktion, die hier im Vorgriff als frustrative Reaktion gedeutet wird, auch durch den Signalreiz (schwarz bzw. weiß) ausgelöst werden kann.

Für uns wird in diesem Augenblick unserer Ableitung besonders interessant, inwieweit gerade die referierte Auslösbarkeit frustrativ bedingter Reaktionen durch Schlüsselreize die Vergleichbarkeit mit Bestrafungseffekten im Sinne eines Aversivitätskonstruktes demonstriert. Bestrafung erzeugt unter den entsprechenden Anordnungen motorische Aktivität einschließlich primärer emotionaler Reaktionen. In der Auffassung u. a. von Miller (1961 a) können solche emotionalen Reaktionen auf Reize konditioniert werden, die dem eigentlichen Strafreiz unmittelbar voraufgehen und gemäß der Reizgeneralisierung auch durch Schlüsselreize ausgelöst werden, die innerhalb der Reaktionskette den primär noxischen Ereignissen zeitlich vorgelagert sind. Diese konditionierten emotionalen Reaktionen werden üblicherweise als Furcht bezeichnet. Die durch Furcht vermittelten Reaktionen, soweit sie unvereinbar sind mit der bestraften Reaktion, werden verantwortlich gemacht für eine Reihe letztlicher Bestrafungseffekte. Die später genauer zu analysierende neobehaviouristische Frustrationstheorie von Amsel enthält überraschende Parallelen: Positive Bekräftigungen führen zu positiven Erwartungen, Frustrierung (NB) erzeugt primär aversive emotionale Reaktionen, die wir ss. als Frustration bezeichnen und die direkt auf die Größe der antizipierten Bekräftigung bezogen sind. So wie Furcht als antizipatorischer Strafreiz fungiert, werden hier antizipatorische frustrative Schlüsselreize und entsprechende emotionale Reaktionen angenommen. Allgemein gesprochen: es geht um die Vergleichbarkeit von Straferwartung und Frustrationserwartung hinsichtlich ihres Zustandekommens und hinsichtlich ihrer Effekte. Dazu ein bekanntes Experiment von Wagner (1966): Ausgangspunkt ist die strafbedingte Verhaltenshemmung und deren Beeinflußbarkeit durch bestimmte Drogen. So nehmen beispielsweise Ratten, welche die Laufwegreaktion via Bekräftigungsplan gelernt haben und deren gelerntes Verhalten durch E-Schock unterdrückt wurde, diese Reaktion deutlich schneller nach Injektion mit Alkohol oder Sodium Amytal wieder auf (vgl. bereits Miller 1961 a). Es ist anzumerken, daß diese Drogen die Reaktion von Ratten, die lediglich positiv verstärkt wurden, reduziert! Miller nimmt entsprechend an, daß diese chemischen Stoffe in bestimmter Dosierung einen selektiven Effekt auf die Furcht haben, daß sie das durch Strafreize produzierte Vermeidungsverhalten vermindern. Die uns hier interessierende Pointe betrifft die Resultate, daß diese Drogeneffekte sich auch nach Frustrierung sensu NB nachweisen lassen. So konnten Barry, Wagner und Miller (1962) zeigen, daß durch entsprechende Injektionen die durch NB gehemmten Reaktionen bedeutsam schneller wieder in Annäherungsverhalten übergingen.

In einem Experiment von Wagner (1966) wurden Ratten über 56 Läufe bei kontinuierlicher Verstärkung im einfachen Laufweg trainiert. Die gelernte Laufreaktion wurde in 24 NB-Versuchen gelöscht. Die Hälfte der Vt bezog ihr Training in einem ca. 8 cm breiten, schwarzen, die zweite Hälfte in einem ca. 15 cm breiten, weißen Laufweg. Alle Vt erhielten an den beiden letzten Löschungstagen ihre NB-Applikation im trainierten Weg und zusätzlich eine gleichwertige Nicht-Bekräftigung im Alternativweg. Gemäß der These Millers, daß Vermeidungsverhalten, erzeugt durch antizipatorische frustrative Reaktionen, weniger stark auf den Alternativweg generalisiert als Annäherungsverhalten, sollten die Vt im neuen Weg schneller laufen als im alten, d. h. auf dem, wo sie belohnt und dann nicht mehr belohnt werden. Diese Hypothese wurde verifiziert.

Der Befund zur Generalisierung frustrationsbedingter Reaktionen entspricht den bekannten Effekten strafbedingter Verhaltenskonsequenzen. Im Sinne eines umfassenden Aversivitätskonstruktes parallelisieren sich mithin Bestrafung und Frustrierung, sowie Furcht und Frustration, letztere als intervenierende oder antizipatorische, emotionale Variablen.

Die Effekt-Kompatibilität von Furcht und Frustration wird durch folgende Experimentalskizze unterstrichen (vgl. Wagner 1963 c):

Die Vt wurden nach einem 50 % Bekräftigungsplan behandelt. Bei einer Gruppe wurden optische und akustische Reize als CS gekoppelt mit den nicht-bekräftigten Reaktionen. Die Kontrollgruppe, welche die gleiche Belohnungserfahrung hatte, erhielt ebenfalls optische und akustische Reizung, allerdings in einem neutralen Käfig, d. h. nicht assoziiert mit Fütterung oder Nicht-Fütterung. Nach ca. 116 Versuchsläufen erreichten die Experimentaltiere diskriminatives Verhalten in dem Sinne, daß sie bei Erscheinen des CS ihre Reaktion verlangsamten, beendeten und zurückwichen. Danach folgten 20 Versuche mit Messung der Überraschungsreaktion auf einen plötzlichen, lauten Ton. Während der 3 Sek., die diesem Ton vorausgingen, wurde der bekannte CS präsentiert.

Die Ergebnisse zeigen, daß die Experimentalgruppe nach Darbietung des CS stärkere Erregungsreaktionen zeigt als die Kontrollgruppe, daß also CS heftigere emotionale Reaktionen hervorruft, wenn CS vorher mit NB gekoppelt war, als wenn diese Assoziation fehlte. Wagner folgert betreffend frustrativer Nicht-Bekräftigung: ». . . in appetitional reward situations may be difficult to distinguish in certain of its behavioral effects from other aversive stimulation« (S. 239).

Das Experiment mag als weiterer Beleg für die Aversivität frustrativer Nicht-Bekräftigung genommen werden und zeigt die Vergleichbarkeit der Effekte von Bestrafung und Frustrierung.

2.3. Frustrierende Ereignisse

Der Nachweis der Aversivität frustrativer Reizung wurde oben über die experimentelle Prozedur frustrativer Nicht-Bekräftigung geführt. Tatsächlich sehen wir in Belohnungsentzug bzw. Belohnungsreduktion nach etablierter Belohnungserwartung das sinnfälligste und fruchtbarste Paradigma zum Frustrationskonzept. Bevor wir dies im Detail weiterverfolgen, und nachdem wir die Beziehungen zu anderen aversiven Reizungen wie Streß und Strafe skizziert haben, bleibt als nächste Aufgabe die Diskussion der frustrierenden Ereignisse im allgemeinen Sinne, wie sie durch die Frustrationsforschung konzipiert wurden. Wir werden dann sehen müssen, inwieweit sich die unter diesem Etikett vorfindbaren Konzepte, Bedingungen und Operationen theoretisch integrieren, aufeinander beziehen oder ineinander überführen lassen. So impliziert beispielsweise die bekannte Auffassung der Frustrierung als einer Blockierung von Zielreaktionen, daß eben dieses Ziel vom Subjekt intendiert und vor allem positiven Bekräftigungswert besitzt. Nicht-Erreichen des Ziels wird psychologisch gleichbedeutend mit dem Ausbleiben erwarteter Belohnung. Auch der Widerstreit verschiedener Bedürfnisse, intrapsychische Konflikte, führt eben zur Nicht-Befriedigung von Bedürfnissen oder beinhaltet im Kompromißfalle (vgl. Symptombildung) eine Reduktion ursprünglicher Befriedigungsmöglichkeiten. Ebenfalls ist das Gesamt der Deprivationsforschung, gleichviel, ob es um Tier- oder Humanverhalten, um Futter- oder Liebesentzug geht, leicht im obigen Sinne integrierbar.

Rosenzweig (1938) spezifizierte die frustrierenden Bedingungen wie folgt:
1. Privation: allgemeine Mangelzustände (Hunger, Reizarmut),
2. Deprivation: spezifische Verluste,
3. Konflikte.

Bei Brown & Farber (1951) wurden folgende Operationen als frustrierend angeführt:
1. Einführung von Barrieren in den Handlungsablauf,
2. Einführung von Verzögerungsperioden in den Handlungsablauf,
3. Wegfall oder Verminderung von gewohnten Belohnungen,
4. Veränderungen im Organismus, die mit dem Handlungsablauf unvereinbar sind.

In der Liste der Frustratoren kann bei allen funktionalen, operativen Verschiedenheiten als konzeptive Invariante eben doch die Elimination oder Reduktion von Reaktionen gesehen werden, die auf Grund von Erfahrung oder Erwartung einen positiven Bekräftigungswert besitzen. Die Interferenz von Zielreaktionen allein wird damit nicht per se als frustrierende Bedingung aufgefaßt, es muß vielmehr unter Bezug auf empirische Daten evident oder zumindest hinreichend plausibel gemacht werden können, daß das Ziel über einen entsprechenden Bekräftigungswert verfügt. Die Gefängnisgitter sind für den frustrierend, der die Freiheit liebt und will. Geldmangel ist in unserer token economy gewiß eine plausible Privation. Ödipale Konflikte, die zu sadomasochistischen Manövern führen, werden in der Regel für den Partner frustrativ, wie es in einer Psychotherapie am Fall belegbar sein mag.

Blockierungen und Barrieren erhalten ihren frustrierenden Charakter aus der Zielintention, deren Stärke, Besetzung, Bekräftigung. Weiterhin werden Ausmaß, Art und Zeitpunkt der Interferenz nicht nur die Stärke der Effekte und Folgen bestimmen, sondern auch die Art der instrumentellen Reaktionen, die evtl. als Bewältigungsversuche angesetzt werden. Lichtenberg bemerkt in einem seiner Aphorismen, in dem es um die Verführung von Nonnen geht und wo auf Gelübde und Gitter als Barrieren hingewiesen wird: »Durch die Gelübde wollten wir schon kommen, wenn wir erst durch die Gitter wären.«

Es kristallisieren sich drei Operationsklassen von Frustrierungen heraus:
1. Physische oder psychische Barrieren, die eine Reaktion verhindern,
2. Vorenthaltung oder Entzug oder Aufschub von Belohnungen,
3. Konflikterzeugung als das Hervorrufen inkompatibler Reaktionen.

Bevor wir auf die präziseren Bestimmungen von Frustrierung und Frustration eingehen, soll im folgenden eine Darstellung und Diskussion der eher klassischen, weiter gefaßten Ansätze vorgenommen werden. Dafür schlagen wir folgende Einteilung vor:
1. Blockierung und Barriere
2. Konflikt und Konkurrenz
3. Liebesentzug.

2.3.1. Blockierung und Barriere

Wenn Frustrierung als Blockierung einer Zielreaktion operationalisiert wird, setzt dies die Kenntnis der Zielreaktion voraus, also ein Vorwissen des Beobachters. Werbik (1974) macht darauf aufmerksam, daß im strengsten Sinne erst nach Erreichen des Zieles das Vorliegen der Zielreaktion und Zielintention bestätigt werden kann. Im Frustrationsexperiment, in dem Blockierungen an einer bestimmten Stelle einer angenommenen Verhaltenssequenz gesetzt werden, kommt per se die unterstellte Zielreaktion nicht zustande. Logisch werden damit Aussagen über Frustration nicht eindeutig falsifizierbar.

In der psychologischen Empirie und Praxis wird man dennoch genügend hohe Wahrscheinlichkeiten für die Bestimmung der Längen von intendierten Verhaltenssequenzen und das Vorliegen von Zielreaktionen gewinnen können. Die Annahme, daß längere Futterentzugsperioden Reaktionswahrscheinlichkeiten erhöhen, die auf Erlangung von Futter hinzielen, und die Zuordnung von Reaktionen zu einer entsprechenden Reaktionssequenz, sind hinreichend wissenschaftlich sicher und legitim. Die hinreichend empirisch abgesicherte Beobachtung, daß eine definierte Stichprobe von Versuchspersonen unter spezifizierbaren Bedingungen bestimmte Zielreaktionen zeigt, erlaubt das Frustrierungsexperiment bei einer vergleichbaren Stichprobe und vergleichbaren Bedingungen, d. h. die Annahme, daß die Zielreaktion ohne Blockierung zustande gekommen wäre. Es ist für die Annahme der Frustrierung z. B. hinreichend, Verstärkerwerte, also etwa das Lieblingsspielzeug bei einer Gruppe dreijähriger männlicher Kinder festzustellen, die Beobachtung sicherzustellen, daß Wegnahme oder Entfernung dieses Spielzeugs regelmäßig zu Reaktionen führt, das Objekt wiederzuerlangen, um ein Frustrierungsexperiment im Sinne der Blockierung dieser Reaktion bei dieser Gruppe oder einer vergleichbaren durchzuführen, also von Frustrierung im Definitionssinne zu sprechen. Weiterhin wird das Auftreten bereits bekannter Frustrationseffekte als Kriterium für das Vorliegen von Frustration forschungsstrategisch herangezogen werden können.

Der Grad der Vorhersagewahrscheinlichkeit, mit der von einer bestimmten beobachtbaren Teilreaktion auf eine Zielreaktion geschlossen werden kann, bestimmt eine Bedingung der Möglichkeit von Frustrationsuntersuchungen im Sinne von Blockierungsoperationen. Bei Berücksichtigung kognitiv-subjektiver Aspekte, d. h. Einbeziehung der Annahme, daß die oben ausgeführten fraktionellen Komponenten einer sequentiellen Zielreaktion Erwartungsreaktionen des Subjekts einschließen, stellt sich Frustrierung als Blockierung so dar, daß ein Subjekt nach Erreichung eines Zwischenzieles in der antizipierten Vollendung der Operationssequenz blockiert wird. Dabei wird vorausgesetzt, daß das Subjekt die intendierten Zwischenziele als Zwischenziele realisiert, d. h. als je nach Position auf der Handlungssequenz mehr oder weniger hinreichende Bedingungen zur Erreichung der Zielreaktion, denn andernfalls würde das Zwischenziel nicht intendiert. Insofern kann nicht von »erwarteten Frustrationen« gesprochen werden, d. h. wir können in diesem Kontext von frustrierter Erwartung, nicht aber von erwarteter Frustrierung reden. In strengem Sinne können also instrumentelle Handlungssequenzen, die antizipatorisch Frustrierung implizieren, nicht frustriert werden; Frustrierung setzt die Erwartung der Zielrealisation voraus, wobei diese Erwartung in Abhängigkeit von der Lernerfahrung in Bezug auf das betreffende Verhalten steht. Wir folgen damit der Definition von Buss (1966): ». . . blocking of ongoing instrumental behavior that has in the past led to a reinforcer« (S. 153).

Diese Argumentation widerspricht nicht Beobachtungen oder Interpretationen, wie sie vorzugsweise im klinischen Bereich angeführt werden. Populär gesprochen, ist der Befund, daß ein Subjekt immer wieder Verhaltenssequenzen in Gang setzt, die regelmäßig zu Mißerfolg führen und auch von negativen Erwartungen getragen oder begleitet sind, Ausdruck des Konfliktes widerstreitender Tendenzen, also etwa Kompromiß zwischen Triebzielreaktion und Hemmung. Dem entspricht auch die psychoanalytische Auffassung des hier einschlägigen »Wiederholungszwanges« als eines immer wieder neuen Bewältigungsversuches. Macbeth hofft durch ihren »Waschzwang« den Blutfleck zu beseitigen, auch wenn es ihr nicht gelingt. Abwehroperationen intendieren die Reduktion von Angst, auch wenn dies nicht erreicht wird oder neue, oft erträglichere Ängste erzeugt werden.

Die Blockierung von Zielreaktionen soll im folgenden zunächst an einem rein klinisch-interpretativen Beispiel illustriert werden: Wir zitieren dazu den Traum eines Klienten: »Ich befinde mich an der Spitze einer Panzerkolonne. Wir fahren auf K. zu, wollen die Stadt belagern und beschießen. Plötzlich kommt mein Panzerkommandant auf mich zu und sagt mir, daß dies heute nicht geht. Wir ziehen uns erst einmal in die umliegenden Wälder zurück. Dort gibt meine Tante Gulaschsuppe aus.«

Wir müssen uns hier eine möglichst vollständige Interpretation etwa unter Zuhilfenahme der obligaten Assoziationen des Klienten versagen und betrachten diesen Traum unter der hier interpretativen Kategorie der Blockierung einer Zielreaktion und deren Folgen. Anmerkungen: Bei K. handelt es sich um den Dienstort des Träumers, und dem Kundigen ist klar, daß unser Klient Schwierigkeiten im Bereich durchsetzungsfähigen, aktiv-aggressiven Verhaltens hat. Es wäre im strukturell-psychologischen Ansatz korrekt, hier vom Ich-Über-Ich-Konflikt zu reden. Der eigene Angriffsimpuls wird durch männliche Autorität blockiert und führt zum Rückzug, genauer zu oral-passiver Regression als Abwehrform. Es wird vorab den Kliniker nicht überraschen, daß es sich bei unserem Klienten um eine vglw. ich-schwache Persönlichkeit mit gravierenden Mißerfolgen im Durchsetzungsbereich handelt, die vom Klienten mit jahrelangem Flucht- und Suchtverhalten beantwortet wurden.

Innerhalb der experimentell gesetzten Frustrierungen nimmt die Blockierung von Verhaltenssequenzen zweifelsfrei ein gut Teil der einschlägigen Forschungsansätze ein. Als Beispiel soll hier die bekannte Studie von Barker, Dembo & Lewin (1941) erwähnt werden. Kinder werden durch ein Gitter von ihrem Spielzeug getrennt. Diese Arbeit wird uns später in anderem systematischen Kontext noch ausführlicher beschäftigen. Als weiteres Laborbeispiel können verschiedene sogenannte »Lernexperimente« von Buss (1963) herangezogen werden. Die eigentlichen Versuchspersonen sollen vorinstruierten Studenten etwas beibringen. Die

Frustrierung besteht darin, daß die »Opfer« das Lernziel nicht erreichen, die unwissentlichen Versuchspersonen also in ihrer Intention scheitern. Die Motivation wird verstärkt durch Instruktionskomponenten, wie etwa die Vorgabe, daß das Lernziel im allgemeinen nach kurzer Zeit erreicht wird, daß der Professor an den Ergebnissen interessiert ist, besonders daran, wie lernfähig seine Studenten sind u. ä. m.

2.3.2. Konflikt und Konkurrenz

Die Blockierung von Zielreaktionen als Realisierung von Frustrierung ist unter erwarteter Berücksichtigung der Reaktionsalternative in engem Zusammenhang mit dem Konflikt-Begriff zu sehen. Insbesondere heben Child & Waterhouse (1952) die Bedeutung von Alternativreaktionen hervor, wie sie nach Frustrierung im Sinne der Blockierung auftreten, also etwa die Alternativreaktion, die Reaktion nicht auszuführen (Reaktionshemmung) oder die Entwicklung anderer Reaktionen, die in Abhängigkeit von der frustrierenden Situation und der Lerngeschichte des Individuums stehen. Frustrierte Reaktion und Alternativreaktion können in Konflikt geraten, und dieser Konflikt kann nun seinerseits theoretisch als Frustrierung zweiter Ordnung begriffen werden. Das Frustrationskonzept von Brown & Farber (1951) begreift explizit Frustrierung als Konflikt zwischen einer ursprünglichen blockierten Reaktion und Alternativreaktionen.

Noch genereller kann postuliert werden, daß Konflikte, insofern sie Hemmung einer Reaktion durch andere Reaktionen implizieren, prinzipiell als frustrierend mit den entsprechenden Effekten aufgefaßt werden können.

Auch bei konflikttheoretischer Akzentuierung von Frustration kommt der Ausbildung antizipatorischer Reaktionen besondere Bedeutung zu. Dies wird später exakter zu belegen sein. Wir begnügen uns hier zunächst mit dem Hinweis, daß konfliktvermeidendes Verhalten unter dem Gesichtspunkt der mit dem Konflikt assoziierten und antizipierten Frustrationen betrachtet werden kann. Als willkürlich herausgegriffenes Beispiel mag das im klinischen Bereich relevante Motiv der Erfolgsvermeidung angeführt werden. In einer Arbeit von Horner (1972) wird dieses Motiv mit Hilfe thematischer Testverfahren nachgewiesen und speziell bei bestimmten weiblichen Versuchspersonen in Zusammenhang mit Konflikt und antizipierter Frustration gesetzt. So können gerade Kompetenz, Wettbewerb, intellektuelle Leistung als inkonsistent mit »Weiblichkeit« erlebt und erfahren werden. Erfolg zeitigt die negative Einstufung der Unweiblichkeit und der damit verbundenen Ablehnungen, wobei die perzipierte Einstellung der Männer gegenüber kompetitiven Frauen neben einem hohen Leistungsmotiv als konfliktkonstitutiver Faktor gelten darf. Die implikative Beziehung der beiden Konzepte Frustration und Konflikt wird auch bei der durch obiges Beispiel nahegelegten selbsttheoretischen Betrachtungsweise deutlich. Die via semantischer Differenzierung (vgl. Polaritätenprofil) operationalisierte sogenannte Selbst-Ideal-Diskrepanz darf ebenso als Konflikt- wie als Frustrationsindikator gelten. Große Distanzen zwischen Selbstbild und Wunschbild haben sich gerade im Bereich der Anwendung der Klinischen Psychologie (z. B. Therapieverlaufskontrolle) als valide Indikatoren für intrapsychologische Konflikte und Frustrabilität nachweisen lassen. Moses & Duvall (1960) zeigen in einer empirischen Studie mit Extremgruppen nach Selbst-Ideal-Diskrepanzen, daß hohe Diskrepanzen mit Unterschätzungen der eigenen Leistungsfähigkeit einhergehen. Die hier perzipierte Minderleistung im Gefolge von Frustrationserwartung bewirkt neuerlich Frustrierung, und insoweit angenommen werden kann, daß Frustrierung die Wahrscheinlichkeit aggressiver Reaktionen erhöht und gleichzeitig der Frustrator im Selbstkonzept lokalisiert wird, wird es zu selbstinduzierter weiterer Selbstabwertung kommen können. Im Frustrationsexperiment von Veldman & Worchel (1961) zeigen Versuchspersonen mit höherer Selbst-Ideal-Diskrepanz vergleichsweise mehr unterdrückte und selbstgerichtete Feindseligkeit.

Zuletzt sei innerhalb der konflikttheoretischen Aspekte von Frustrierung noch auf die Gruppe von empirischen Realisierungen hingewiesen, bei denen es um experimentell eingeführte Wettbewerbssituationen meist mit sozial- und gruppenpsychologischen Fragestellungen geht. Gewinn und Verlust im Wettbewerb zwischen Individuen oder Gruppen werden in der Interpretation der Resultate häufig unter dem Gesichtspunkt der Angst vor der antizipierten möglichen Niederlage und bestehenden Selbst-Anforderungen mit dem Frustraktionskonzept in Verbindung gebracht (z. B. Deutsch 1949).

2.3.3. Liebesentzug

Seit Rosenzweig werden soziale Deprivation, Entzug oder Reduktion positiver sozialer Bekräftigungen, Liebesentzug, als essentielle Realisierungen von Frustrierung konzipiert. Wir werden späterhin bei der präziseren Explikation unseres Konzeptes, das sich auf die neobehavioristische Position der Nicht-Bekräftigung bezieht, sehen, daß sich Teilkonzepte sozialer Deprivation strenger auf die engere Bestimmung von Frustration beziehen lassen, jedenfalls stringenter, als dies bei Realisierungen im Sinne der Blockierung von Verhaltenssequenzen einerseits und Konflikt andererseits möglich wird. Deshalb wird im folgenden der Diskussion der Forschungsansätze zum »Liebesentzug« etwas mehr Raum gegeben.

Bowlby (1960) beobachtete das Verhalten von Vorschulkindern systematisch über eine Woche nach Trennung von ihren Eltern und Einlieferung ins Krankenhaus. An den ersten beiden Tagen wurden starke Aggressionen — zumindest Erregungsreaktionen — registriert, heftiges Schreien und Wutausbrüche, lautes und tränenreiches Verhalten, Ablehnung von Substituten. Der Autor faßt dies als abgrenzbare Phase 1: Protest. Nach einigen Tagen erscheinen die depressiven Verhaltensweisen stärker im Erscheinungsbild, das fortgesetzte Weinen wird ruhiger, es herrscht ein trauriger Gesichtsausdruck vor, Phase 2: Verzweiflung. Im Durchschnitt zeigt sich nach einer Woche dann ein eher emotionsloses Verhalten zur Umgebung, im Extremfall Apathie und Vorstufe eines psychotisch anmutenden Rückzuges, Phase 3: Ablösung.

Man darf dieser Verhaltenssequenz einen breiten Gültigkeitsbereich zusprechen, da wir sie oder vergleichbare Abläufe aus den verschiedensten Bereichen — bei Mensch und Tier, bei Liebes- und Futterentzug — in Feldbeobachtungen und Laborexperimenten wiederfinden. Diese später darzustellenden frustrativen Effekte stehen in ihrer Stärke zunächst in Abhängigkeit von vorher bekräftigten Zuwendungsreaktionen, also etwa bei Versuchstieren in Abhängigkeit vom Hunger und vorhergehenden Fütterungsmodi und Fütterungsgrößen, bei sozialer Deprivation in Abhängigkeit vom jeweiligen Zuwendungsbedürfnis und erfahrener Zuwendung. Es ist terminologisch sinnvoll, Verhaltensweisen im Sinne der Hilfesuche, der Kontaktsuche, der Aufmerksamkeitsuche als Dependenz zu etikettieren und als Motiv zur Erlangung sozialer Bekräftigung zu bestimmen. Im Sprachgebrauch insbesondere der Klinischen Psychologie nimmt der Term Dependenz in der Regel eine negativ akzentuierte Tönung an, insofern dann von dependenten Reaktionen gesprochen wird, wenn gleichzeitig in Abhängigkeit von soziokulturellen Entwicklungsnormen konstruktivere = autonomere Reaktionen für angemessener gehalten werden. Es erscheint demnach folgerichtig, dependentes Verhalten als Variable zu behandeln, diese in Abhängigkeit z.B. von elterlicher Bekräftigung zu untersuchen, bzw. deren Größe als Determinante für die Stärke der Effekte nach sozialer Deprivation in erster Linie verantwortlich zu sehen.

Die Deprivation dependenten Verhaltens ist in ihren Effekten abhängig von der Stärke dieses Motivs selbst. Dieses später genauer zu belegende Resultat gilt unbeschadet der Interpretation der beobachteten Effekte, d. h. es ist unabhängig davon, ob ein im Appetit vergleichbarer »social drive« angenommen oder unvorgreiflicher eine emotionale Erregungs-Hypothese theoretisch unterstellt wird. Es ist im Zusammenhang der Wechselwirkung von Dependenz und Frustration daran zu erinnern, daß die Frustrierung innerhalb von Leistungsaufgaben zu Erregungssteigerungen führt, und daß vor allem dann, wenn verbale Rückmeldungen für korrekte Lösungen gegeben werden, diese anwachsende Erregung zu erhöhter Aufmerksamkeit gegenüber den Reaktionen des Versuchsleiters führt, also dependenteres Verhalten erzeugt wird. Uns liegt hier mehr an der allgemeinen Annahme, daß die vorliegenden Studien zur sozialen Isolation bei Mensch und Tier erregungssteigernde Effekte zeigen und daß damit gleichzeitig sozial abhängiges Verhalten produziert wird. Erst bei starkem Anwachsen frustrierender Isolationsbedingungen gewinnt diese Erregung aggressiven Charakter. Isolation scheint also je nach ihrer Stärke entweder eher dependent-depressives oder aggressives Verhalten nach sich zu ziehen. Im Sinne der Erregungs-Hypothese, der wir hier nach Durchsicht der einschlägigen Experimente den Vorzug vor einer sozialen Trieb-Hypothese geben, kann also mit befriedigender empirischer Evidenz postuliert werden, daß der Frustrierungsgrad der Isolation die Stärke der folgenden Erregung bestimmt, und daß hohe Grade von Erregung, d. h. intensiveres Verhalten mit größerer Wahrscheinlichkeit der Etikettierung »Aggression« unterliegen wird (vgl. Walters & Parke 1964). Es bleibt anzumerken, daß die Interaktion von Reizbedingung und Frustrabilität berücksichtigt werden muß. So wird zweifelsfrei ein Kind vglw. kürzere Isolationszeiten erregungsstärker beantworten als ein Erwachsener, für den eine Periode des Alleinseins im allgemeinen nicht mehr einen solch starken Bedrohungscharakter hat. Die Frustrierbarkeit wird zudem zunehmend von kognitiv-bewerteten Reaktionen bestimmt, was am Beispiel unnötiger Wartezeiten verdeutlicht sein mag. Die Interaktion von Dauer der Isolation und Alter oder Reife ist zu berücksichtigen. Als vorläufiges Ergebnis der Diskussion um Frustrierung und Dependenz mag festgehalten werden, daß die Vorenthaltung oder der Entzug von Belohnungen soziale Dependenz und Beeinflußbarkeit verstärkt. Dies gilt unter der Voraussetzung, daß Abhängigkeitsreaktionen bereits im Verhaltensrepertoire fest etabliert sind und daß die Testsituation solche Dependenzreaktionen zuläßt bzw. fördert.

Die Zunahme interaktiver Aktivitäten nach Isolation, also sozialer Deprivation, ist auch für Versuchstiere gut belegt (vgl. Latené & Walton 1972). So zeigen allein lebende Ratten geselligeres Verhalten, wenn ihnen die Gelegenheit geboten wird und die Frustrierungsperiode nicht allzu lang war. Interessant ist der Befund, daß diese affiliativen Reaktionen noch nicht zu Beginn des Zusammenkommens mit anderen Tieren erscheinen, sondern erst nach einigen Tagen sich bei den vorher isolierten Tieren ein geselligeres Verhalten entwickelt als bei der paarweise gehaltenen Kontrollgruppe. An Interpretation bietet sich die Angst vor dem unbekannten Terrain oder aber die Ablenkung durch Explorationsverhalten an. Untersuchungen von Eckman, Meltzer & Latané (1969), in denen Vortestungen in dem neuen Terrain gelaufen wurden, zeigen, daß die isoliert gehaltenen Versuchstiere, denen Vorerfahrung mit dem späteren Begegnungsterrain gegeben wurde, bereits am ersten Testtag geselligeres Verhalten produzierten als die unerfahrene Vergleichsgruppe.

Kehren wir indes zum Liebes- und Lobentzug zurück. Die Vorenthaltung zuerst gewohnter Zuwendungen vermehrt zunächst die Bemühung, diese Zuwendung zu erhalten und gleichzeitig werden Abhängigkeitsängste geweckt. Die klinisch-therapeutische Erfahrung zeigt, daß symptomträchtige Abhängigkeitsängste regelmäßig mit starken Abhängigkeitstendenzen einhergehen, deren Frustrierung aus Erfahrung antizipatorisch gefürchtet wird. Über die längerfristigen Folgen dieser Entzugsereignisse entscheidet sicher der Erfolg oder Nicht-Erfolg der vermehrt einsetzenden Dependenzreaktionen. Dependentes Dauerverhalten wird um so wahrscheinlicher, je mehr das Kind Erfolg damit hat, die verlorene Zuwendung damit wieder zurückzugewinnen (Sears, Maccoby & Levin 1957). Auf der anderen Seite scheint vglw. harter, chronischer Liebesentzug eher zu imitativ-identifikatorischen Reaktionen zu führen, also etwa zur Internalisierung eines strengen Über-Ichs. Die Experimente von Stein & Wright (1964) belegen, daß scharfer Entzug und auch bereits kurzfristige soziale Isolation bei Vorschulkindern Abhängigkeitsängste wecken und daß imitative Verhaltensweisen offensichtlich zur Reduktion dieser Ängste eingesetzt werden.

Die zitierten Ergebnisse und Schlußfolgerungen stehen in enger theoretischer Beziehung zu Freuds Begriff der anaklitischen Identifikation. Die Angst vor Liebesverlust wird zum Motiv der Internalisierung elterlicher Standards und fördert damit die Bereitschaft zu Schuldgefühlen. Nach den umfangreichen Untersuchungen von Sears und Mitarbeitern bleibt nunmehr hinzuzufügen, daß dieser Entzug gerade dann im Sinne des Frustrationskonzeptes und in der angegebenen Richtung effektiv wird, wenn eine stark positiv bekräftigende Lernerfahrung dieser Frustrierung vorausgeht. Nur wer etwas zu verlieren hat, versucht sich das Verlorene durch Imitation direkter Art zu ersetzen oder es hart defensiv-identifikativ abzuwehren. Wesentlich bleibt, daß soziale Deprivation von nicht exzessiven Ausmaßen dependentes Verhalten vermehrt und imitative, evtl. identifikative Reaktionen fördert. Dieses Ergebnis darf insbesondere durch relativ kurzfristige Isolationsexperimente mit Kindern als gesichert angenommen werden; Gewirtz (1954) folgert entsprechend: »... that isolation experienced in an unpleasant, threatening social context makes children more susceptible to adult social influence« (S. 205).

Die Durchsicht der Humanexperimente zum »Liebesentzug« zeigt vom Effekt her zwei Aspekte: Entweder wird über vermehrte aversive Reaktionen berichtet (vgl. Protestverhalten) oder aber über eine Intensivierung des Verhaltens, die im Sinne vermehrter Dependenz einschließlich Abhängigkeitsängsten interpretiert werden muß. Die determinierenden Moderatoren scheinen uns bislang nicht hinlänglich klar experimentell identifiziert. Immerhin bleibt plausibel, daß Liebesentzug Reaktionen und Reaktionssequenzen provoziert, die im Sinne einer Restitution interpretierbar sind. Weiterhin wird anzunehmen sein, daß primär diejenigen Verhaltensweisen zur Wiedererlangung des Verlorenen eingesetzt werden, die bisher erfolgreich gelernt worden sind, d. h. zu den intendierten Bekräftigungen geführt haben. Sowohl eher dependentes als auch eher intensives Verhalten einschließlich Aggression sind so etablierbar und erst deren Nicht-Erfolg wird zu komplexeren und endlich auch eher pathogeneren Sequenzen führen, unter denen emotionaler Rückzug bis zur Apathie wohl die schwerwiegendste ist. Schwere und Chronizität der Frustrierung im Zusammenhang mit bisheriger Bekräftigungserfahrung und etablierter Frustrationstoleranz dürften die weiteren wesentlichen Moderatoren sein, ebenso wie die Verfügbarkeit substituierter Alternativ-Reaktionen.

Im folgenden sollen noch einige illustrative Beispiele verschiedener Art zum Forschungsthema Frustrierung via Liebensentzug bzw. sozialer Deprivation angeführt werden. Brackbill (1958) etablierte Lächeln bei Kleinkindern mit Verstärkungstechnik durch kontingente Zuneigungsreaktionen. Wegnahme der Verstärker führt zur Reduktion der Reaktion, aber auch zu Protestverhalten, Schreien, Unruhe und endlich Vermeidung des Blickkontaktes.

Dieses Erziehungs- und Entwicklungsexperiment mag hier prototypisch für viele empirische Ansätze auf dem Gebiet der Sozialisierungsforschung mit Akzentuierung der Deprivationskomponente stehen. Man kann mit Bandura & Walters (1959) summieren, daß praktisch alle Laborexperimente, bei denen es um die Vorenthaltung gewohnter sozialer Bekräftigungen geht, vorab bei Kindern Intensivierungen des Verhaltens nach Frustrierung zeitigen, und daß je heftiger diese Reaktionen ausfallen, um so eher die Wahrscheinlichkeit eintritt, daß diese Reaktionen vom Beobachter als aggressive etikettiert werden. Innerhalb der Diskussion um Frustrierung bei Kleinkindern hat die Frage nach der Entwicklung besonderes Gewicht erhalten. Ansätze und Ergebnisse scheinen zunächst recht kontrovers. Die psychoanalytische Position ist wohl verkürzt so anzudeuten, daß erwartet wird, daß die Wahrscheinlichkeit frustrativer Reaktionen steigt, wenn die sogenannten oralen Bedürfnisse eingeengt oder inadäquat befriedigt worden sind. Andererseits wird aber auch neben dieser Versagung Verwöhnung für die gleichen Folgen verantwortlich gemacht, ein kurvilinearer Zusammenhang scheint uns gerade unter frustrationstheoretischer Betrachtungsweise plausibel. Das Zuwenig impliziert Frustration, das Zuviel erhöht die zukünftige Wahrscheinlichkeit des Weniger, lernpsychologisch gesprochen wird ein extremes Ausmaß an Bekräftigung den Aufbau von Frustrationstoleranz beeinträchtigen, zumal Belohnungsminderungen um so eher im internen Belohnungsvergleich eintreten, je größer die Ausgangsquote war. Weiterhin kann in diesem Bezugsrahmen postuliert werden, daß »Drive« mit der Länge der Sequenz wächst und je später die Frustrierung eintritt, um so stärker und nachhaltiger Frustrationseffekte zu erwarten sind. Sears, Maccoby & Levin (1957) befragten die Mütter von 356 Kindern nach Reaktionen der Kinder auf Entwöhnung. Emotionale Erregungen wurden doppelt so häufig angegeben, wenn die Entwöhnung erst nach 11 Monaten im Vergleich zu unter 5 Monaten stattfand. Allerdings war auch ein Anstieg frustrativer Reaktionen bei der Entwöhnungsgruppe 5—8, dann eine Reduktion zwischen 8 und 11 zu eruieren. Sears & Wise (1950) bildeten zwei Subgruppen, eine, die vor, eine andere, die nach dem Zeitpunkt 4 Monate abgestillt wurde. Das Ergebnis zeigt, daß frustrative Reaktionen häufig nach, aber hauptsächlich vor dem Zeitpunkt 8 Monate feststellbar sind. Generell bleibt wohl zu folgern, daß die frustrative Reaktion im Sinne emotionaler Erregungszustände in der Hauptsache von der Stärke der frustrierten Reaktion (oral drive?) abhängig ist, und diese Stärke nimmt mit dem Alter auf Grund größerer und längerer Bekräftigungserfahrung zu. Gleichzeitig ist aber mit dem Alter auch eine wachsende biologische Reifung anzunehmen, die zur Erklärung der neuerlichen Abnahme frustrativer Reaktionen bei sehr später Entwöhnung herangezogen wird (Whiting 1954).

Feststellbar bleibt jedenfalls, daß Entwöhnungsalter und frustrative Reaktion eine kurvilineare Beziehung aufweisen. Zusätzlich ist nach Sears & Wise (1950) anzumerken, daß die Präparation des Kindes auf die Entwöhnung einen weiteren nachweisbaren determinierenden Faktor darstellt. Hierher gehört insbesondere das Anbieten und Einüben von Alternativen bereits während der Stillphase. So vorerfahrene Kinder zeigten deutlich weniger emotionale Erregungen nach Entwöhnung. Als dritter Faktor ist die Konsequenz und Entschiedenheit im Verhalten der Mutter von Einfluß. Labilität und Unsicherheit in der Entwöhnungsprozedur produziert Unsicherheit und Erwartungskonflikte und damit sich jeweils wiederholende und über längere Zeit hinstreckende, wiederkehrende Frustrierungen. Die Autoren plädieren damit nicht für eine one-day-Entwöhnung, sondern für eine konsequente aber präparative Überleitungsprozedur. Zum Stand der Frage nach dem Frustrationscharakter der Entwöhnung mag gefolgert werden: Längere Saugerfahrung, härtere Entwöhnungspozeduren und Verhaltensinkonsequenzen vermehren frustrative Reaktionen. Dabei scheinen beim gegenwärtigen Erkenntnisstand hervortretende Momente im Sinne unterschiedlicher Sensitivität gegenüber Trainingsbedingungen für die Erklärung der beträchtlichen interindividuellen Unterschiede durchaus plausibel, aber in ihrer Einflußgröße nicht genau genug bestimmbar.

Innerhalb der Diskussion um längerfristige Folgen längerfristigen Liebesentzuges werden die entsprechenden frustrierenden Bedingungen im Zusammenhang mit generalisierten antisozialen Aggressionen betont. In der Regel werden Frustrierungen im Sinne fehlender affektiver Zuwendung plus punitive elterliche Erziehungshaltung oder auch inkonsistenter Erziehungsstil mit mangelnder sozialer Regel-Orientierung sowie mit Ressentiments und chronischen Aggressionen in einen Bedingungszusammenhang gesetzt (vgl. Glueck & Glueck 1950, Lewis 1954). Bandura & Walters (1959) sehen als primären Ursprung antisozialer Aggressionen abrupte Unterbrechungen in der Abhängigkeitsbeziehung des Kindes zu seinen Eltern (»frustration of the child's dependency needs«, S. 32). Die Genese des Abhängigkeitsmotivs wird damit zur relevanten Determinante von Frustrierung und deren Folgen. Die kindliche Ausgangslage wird durch Angewiesensein charakterisiert, das Kind lernt, wie es Hilfe und Unterstützung erhält. Der erfolgreiche Schrei nach der Mutter reduziert Spannungsgefühle und vermehrt Aufmerksamkeitssuche. Die Assoziation primärer Bedürfnisbefriedigungen mit der Präsenz der Mutter führt zur Entwicklung des Abhängigkeitsmotivs, die Mutter fungiert als erster sekundärer Verstärker. Parallel zur Entwicklung von Dependenz setzen Rivalitäts- und Trennungserfahrung Abhängigkeits- und Trennungsängste. Schärfere und längere Separationen können zur Ablehnung primärer Befriedigungen (vgl. Eßschwierigkeiten) führen (vgl. Escalona 1945).

In der Regel kann davon ausgegangen werden, daß Eltern beim Älterwerden ihrer Kinder deren Anklammerungstendenzen zunehmend weniger bekräftigen und vergleichsweise reifere Formen von Abhängigkeit, z. B. Rat-Suche, stärker unterstützen, eher emanzipatorische Reaktionen zu fördern suchen und Kontakte zu Gleichaltrigen ermutigen. Diese mehr oder weniger graduelle Entwicklung zur Independenz wird mit entsprechend mehr oder weniger starken Übergangskonflikten einhergehen, die in der Adoleszenz ihre Kulmination finden.

Stärkere und unzeitgemäße Frustrierung des Abhängigkeitsbedürfnisses, inadäquate Ablehnung und Bestrafung werden als Bedingungen von Abhängigkeitsängsten angesehen und dienen wiederum als Motive für antisoziale Reaktionen und die Unfähigkeit zu stabilen emotionalen Beziehungen (Bandura & Walters

1959). Allgemeiner nehmen die Autoren an, daß dieser Verhaltenskomplex entweder aus früherem Versagen in der Entwicklung emotionaler Resonanzfähigkeit oder aus der angstbedingten Hemmung von Abhängigkeitsverhalten resultiert. Auf der anderen Seite wird neben der Versagung auch die Verwöhnung häufig für die gleichen Folgen verantwortlich gemacht. Zweifelsfrei beeinflußt die Größe der elterlichen Zuwendung die Stärke des Dependenzverhaltens, man vergleiche die Diskussion um die »overprotective mother« (Levy 1943). Mütter von überdependenten Kindern erweisen sich als vergleichsweise übernachsichtig und überbesorgt und offerieren eher Entmutigung der Independenz. Die extensive Abhängigkeit erhöht gleichermaßen die Frustrabilität.

Interessant sind in diesem Zusammenhang geschlechtsspezifische Varianten. Sears und Mitarbeiter (1953) beobachteten nach mütterlicher Bestrafung und fehlender Zuwendung eine Erhöhung der Auftretenswahrscheinlichkeit von Abhängigkeitsverhalten bei Jungen im Vorschulalter, indes einen gegenteiligen Effekt bei Mädchen der gleichen Altersklasse. Die Autoren interpretieren diesen Befund mit der größeren Identifizierung des Mädchens mit der Mutter, Mädchen adaptieren diese Sanktionen leichter. Man kann spekulieren, ob hier nicht differente Effekte von Frustrierung bei gleicher Frustrierungsstärke resultieren. Es ist bei der Entwicklung nicht-abhängigen Verhaltens anzunehmen, daß dieses in seiner Genese Deprivation (fehlende Zuwendung) oder Frustration (entzogene Zuwendung) voraussetzt, d. h. das Abhängigkeitsmotiv ist unterentwickelt oder durch Angst oder Konflikte blockiert. Delinquentes Verhalten wird in der einschlägigen Forschung mit der zweiten Bedingung (vgl. Frustrations-Aggressions-Hypothese) in Zusammenhang gebracht (so auch Bandura & Walters 1959). Die klinisch-therapeutische Erfahrung liefert hierzu zusätzliche Evidenz: Delinquente zeigen zu Behandlungsbeginn typische distant-mißtrauische Reaktionen, im Fortgang dann intensives Abhängigkeitsverhalten (Bloch 1952).

Zu geringe Bekräftigung wird zu geringer Ausprägung des Abhängigkeitsmotivs führen. Institutionell aufgezogene Kinder offerieren Affektivitätsdefekte und pathognome Formen von Independenz (Spitz 1945). Ähnliche Effekte wurden bei Kindern nach früher und langer Trennung von ihren Müttern beobachtet (Freud & Burlingham 1944).

Gegenüber dieser Deprivationsbedingung wird unter Frustrationsbedingung mit abweichenden Konsequenzen zu rechnen sein. Entscheidend ist, daß hier bereits etablierte Dependenz-Reaktionen vorliegen, und im Sinne unserer oben diskutierten These wird die Bestrafung oder Frustrierung dieser Reaktionen zunächst die Wahrscheinlichkeit von Dependenz-Verhalten erhöhen, die Zuwendungssuche wird vermehrt (Hartup 1958). Goldfarb (1945) berichtet für diese Fälle von wahllosem Anklammern, exzessiver Aufmerksamkeitssuche, teilweise auch von apathischen Reaktionen. Wir neigen nach Durchsicht der einschlägigen Literatur zu der Annahme, daß die Präferenz für eher dependente versus eher apathische Reaktionsweisen nach früher emotionaler Frustrierung vom Ausmaß der erhaltenen Zuwendungen abhängt, bzw. die Apathie als Spätfolge erfolgloser Zuwendungsversuche anzusehen ist und der Reduktion von Frustrierungsängsten dient. Generell können die Resultate der einschlägigen Forschungsarbeiten zum Gegenstand früher sozialer Deprivation so zusammengefaßt werden, daß in Abhängigkeit etablierten Dependenzverhaltens exzessive, unzeitgemäße und inadäquate Frustrierungen zur Verminderung sozial adaptiver Reaktionsmöglichkeiten führen. Insbesondere wird über Verhaltensweisen im Sinne depressiver, aggressiver und apathischer Reaktionsformen berichtet.

Zuletzt sei zu diesem Abschnitt noch exemplarisch über einige Beobachtungen an Tieren, insbesondere an Rhesus, referiert. Die Reduktion adaptiven Verhaltens durch frühe soziale Deprivation darf als eines der bestgesicherten Fakten der Verhaltensforschung bezeichnet werden. Glass (1968) resumiert bspw. bei Rhesus, die in totaler oder auch partialer Isolation aufgezogen wurden, persistierende Abnormalitäten, unter denen aggressives und selbstaggressives Verhalten dominieren. Allerdings imponieren auch hier Geschlechtsunterschiede. Männliche Tiere werden offenbar durch Deprivation stärker geschädigt (Sackett 1974). Die soziale Fehlanpassung erscheint im sexuellen Verhalten besonders deutlich: Früh sozial deprivierte männliche Tiere reagieren in sexuellen Reizsituationen mit deutlich erhöhter ängstlich anmutender Erregung, neigen zu Selbstverletzungen, führen instrumentell inadäquate Kopulationsversuche durch, geben nach Mißerfolg gleich auf, weichen in der Folge sexuellen Kontakten aus und zeigen Desinteresse. Bei weiblichen Tieren werden Abweichungen in Richtung vermehrter Aggressivität, Renitenz und Resistenz, beobachtet. Die Prognose scheint bei weiblichen Tieren bei gleicher Frustrationsstärke insgesamt günstiger, offenbar ist die aggressive Verhaltensweise leichter mit der Erfahrung zu hemmen als die angstgeprägte. Abweichungen nach Isolation werden auch für das maternale Verhalten referiert, das als indifferent oder brutal beschrieben wird. Weiterhin zeigen insbesondere deprivierte männliche Rhesus bedeutsam mehr Selbstaggression als nichtdeprivierte Kontrolltiere. Zuletzt gehört auch die Reduktion des Explorationsverhaltens zu den belegbaren Isolationseffekten. Sackett (1974) referiert über zahlreiche Untersuchungen, die ein deutlich defizienteres Neugierverhalten nach früher und langer sozialer Deprivation gerade bei männlichen Versuchstieren belegen. Die Dauer bei der Exploration neuer Reize ist verkürzt, die Latenzzeiten beim Berühren neuer Objekte sind vergrößert. Daß es sich bei diesen Resultaten nicht nur um Laborergebnisse handelt, zeigen die Feldbeobachtungen in freier Umgebung. Sozial deprivierte Affen besitzen geringere Überlebenschancen, wobei die weiblichen Tiere ihre Sozialisierungdefekte offenbar leichter modifizieren und ausgleichen können. Dieser geschlechtsspezifische Effekt läßt einstweilen keine eindeutige Erklärung zu. Es ist möglich, daß weibliche Tiere bereits pränatal andere physiologische Grundlagen für die spätere Hemmung der Aggression ausbilden, oder die bestehenden biochemischen Differenzen sind vom Effekt her so zu deuten, daß männliche Tiere stärker von sozialer Stimulation abhängig sind und so bei gleicher Deprivationsstärke doch stärkere Schädigungen erfahren.
Allgemein und summarisch mag zum vorhergehenden Kapitel festgehalten werden, daß frühe, längerfristige und exzessive Deprivationen und Frustrationen insbesondere beim Menschen zu defizienten Modi gerade der sozialen Daseinsbewältigung führen, die je nach Zeitpunkt, Dauer, Stärkegrad und in Abhängigkeit vor allem von der Lerngeschichte im Sinne des Ausprägungsgrades von Abhängigkeitsbedürfnissen als Fehlanpassung erscheinen, die in klinischer Nomenklatur als abweichende depressive oder aggressive Verhaltensweisen imponieren.
Damit mag unser erster Einstieg und Überblick über frustrierende Ereignisse zunächst abgeschlossen werden. Die dargestellten, eher exemplarisch selegierten Beobachtungen, Befunde und Thesen decken den gleichsam klassischen Teil der Forschungsgegenstände ab, die sich im Sinne eines weiteren Frustrationskonzeptes zusammenordnen lassen und die wir als Blockierung und Barriere, Konflikt und Konkurrenz, sowie Liebesentzug gegliedert haben.
Im folgenden wird im Sinne theoretischer Invariantenbildung nach begrifflich und empirisch präziseren Repräsentationen von Frustration zu fragen sein. Wissen-

schaftssprachlich dürfte dem eine lerntheoretische, weitgehend neobehavioristische Formulierung am nächsten kommen. Wir denken weiterhin an explizierbare verstärkertheoretische Ansätze, insbesondere an die Fassung von Frustrierung als Nicht-Bekräftigung nach Bekräftigungserfahrung und Bekräftigungserwartung, sowie ergänzend an Beschreibungskategorien, die sich der kognitiven Operationen annehmen, die sich als Belohnungsvergleich etikettieren lassen.

2.4. Nicht-Bekräftigung nach Bekräftigung

Als Basisoperation für die Realisierung von Frustrierung kann die Nicht-Bekräftigung nach etablierter Erfahrung mit der zugeordneten Bekräftigung angesehen werden. Weiterhin wird zu zeigen sein, daß neben der Bekräftigungserfahrung die daraus entwickelte Bekräftigungserwartung als theoretische Erklärungsbasis für die Mehrzahl der einschlägigen Effekte nach Frustrierung herangezogen werden kann. Neben den bekannten primären Frustrationseffekten mit Erregungssteigerung werden dabei auch andere, aus der Lernpsychologie geläufige Wirkungsmechanismen wie die Resultate nach intermittierender Verstärkung oder das Paradigma des Diskriminationslernens, also diejenigen Vorgänge, wo mehr oder weniger gezielte Nicht-Bekräftigung in Lernprozessen vorkommt, zu diskutieren sein. Die Effektseite wird später abzuhandeln sein, zunächst ist die Operationalisierung in den Vordergrund zu stellen. In einfachster und strengster Fassung wird Frustration definierbar unter Bezug auf Nicht-Bekräftigungs-Versuche (NB-trials) nach Bekräftigungsversuchen (B-trials). Zweitens werden antizipatorische frustrative Reaktionen als Ergebnis von Konditionierungen auf die Umgebungssituation oder spezifische Reize aufgefaßt. Drittens: Die antizipatorischen frustrativen Reaktionen beeinflussen die Reaktionsstärke über folgende Determinanten:
1. Anwachsen von Erregungsstärke und damit allgemeine und unspezifische Motivierung des unmittelbaren Folgeverhaltens,
2. Dieser Erregungsanreiz wird als Motivationsreiz aufgefaßt, dessen Reduktion Verstärkerqualität gewinnt,
3. Verhaltenshemmung durch Nicht-Bekräftigung.

Diese Fassung des Konzeptes ist vglw. parsimonisch, und es dürfte ein Beispiel dafür sein, wie sich ein vorwissenschaftlicher Term mit ziemlich amorpher Bedeutung zu präziseren Festlegungen weiterentwickeln läßt.

Die zentrale Definitionsstellung der »Nicht-Bekräftigung« macht die Abgrenzung zum Term »Löschung« notwendig. Dieser Ausdruck taucht in der lernpsychologischen Literatur in folgenden Bedeutungskontexten auf:
Einmal wird unter Löschung die Operation der Nicht-Bekräftigung verstanden, weiterhin wird der Term im Zusammenhang mit dem Prozeß von Umkonditionierung oder Gegenkonditionierung verwendet, schließlich dient der Begriff auch der Beschreibung von Verhalten im Sinne einer gelöschten Reaktion. Nach einem Vorschlag von Capaldi (1967) sollte der Ausdruck der Prozeß-Bedeutung vorbehalten bleiben, die operationale Bedeutung sollte als Nicht-Bekräftigung und die Verhaltensbedeutung als Reaktions-Reduktion terminologisch fixiert werden. Frustrierung wird im folgenden zunächst als Operation der Nicht-Bekräftigung nach Bekräftigungserfahrung und Bekräftigungserwartung präzisiert. Diese Festlegung macht zunächst die Diskussion von Bekräftigungswechsel oder Belohnungswechsel zur Einordnung notwendig.

2.4.1. Belohnungsreduktion

Zunächst vom Effekt her betrachtet, kann ein Verhalten in einer Situation in Abhängigkeit von den Parametern der gleichzeitigen Bekräftigung relativ auf die vorgängige Bekräftigungserfahrung aufgefaßt und analysiert werden. Dafür zwei allgemeine experimentelle Paradigmen:

Erstens kann eine Reaktion auf eine bestimmte Bekräftigung in einer gegebenen Situation S_1 abhängen vom Wert dieser Bekräftigung relativ auf die Werte vorgängiger Bekräftigung in dieser Situation (S_1/S_1-Effekt).

Zweitens kann der Effekt einer gegebenen Bekräftigung in S_1 abhängen vom Bekräftigungswert für die gleiche Reaktion in einer anderen Situation (S_1/S_2-Effekt). Diese beiden elementarsten Modelle der Realisierung u. a. von Belohnungswechsel werden in folgenden Anordnungen, die uns noch häufiger beschäftigen werden, darstellbar:

S_1/S_1: Experimente mit dem doppelten Laufweg (vgl. Abb. 1), meist frustrationstheoretisch eingeordnet; der Frustrationseffekt (z. B. Erhöhung der Laufgeschwindigkeit) wird auf Belohnungswechsel innerhalb einer Reizdimension zurückgeführt.

S_1/S_2: Experimente zum differentiellen Konditionieren, sogenannte Kontrasteffekte bei differentiellem Anreiz in S_1 und S_2. Theoretisch ist anzumerken, daß beide Modelle möglicherweise so ineinander überführbar sind, daß mit Hilfe des S_1/S_2-Konzeptes auch die Effekte von S_1/S_1 erklärbar werden (vgl. McHose 1970). Der frustrative Effekt wäre dann theoretisch als Diskriminations-Kontrast-Effekt integrierbar. Denn: Wenn Ratten für Bewegung in S_1 (z. B. weißer Laufweg) und S_2 (z. B. schwarzer Laufweg) differentiell verstärkt werden, so ist anzunehmen, daß das beobachtete Effektverhalten nicht mehr von der Bekräftigungserfahrung innerhalb des gemessenen Reizwertes abhängt, sondern auch von der Bekräftigungserfahrung mit dem anderen Reizwert. Der sogenannte Frustrationseffekt kann dann als Diskriminations-Phänomen interpretiert werden, das durch eine S_1/S_2-Variante determiniert wird.

Nun haben wir es allgemein beim Wechsel von Belohnungsgrößen immer mit sukzessiven Kontrast-Effekten zu tun. In der Praxis wird dies so aussehen, daß Ss unter einer bestimmten Belohnungsgröße trainiert und nach einer definierten Zahl von Durchgängen auf andere Belohnungsgrößen gesetzt werden. Hier ist der bekannte Crespi-Effekt einzuordnen, der eben ein Konstrast-Effekt ist. Der Wechsel von kleineren auf größere Mengen führt zu besseren Leistungen als denen, die ursprünglich bei gleich großen erbracht wurden, bzw. der Wechsel von großen auf kleine Mengen vermindert die Leistung mehr, als dies bei nicht gewechselten vorgängigen gleich kleinen Mengen der Fall ist. Die Durchsicht der experimentellen Folgeliteratur nach 1942 drängt den Schluß auf, daß der negative Kontrast-Effekt leichter und häufiger bestätigt werden konnte.

Der Crespi-Effekt läßt sich auch im Human-Versuch realisieren. O'Connor & Claridge (1958) unterzogen 40 imbezille männliche Versuchspersonen einem Geschicklichkeitstraining, bei dem täglich eine Stunde lang Metallstifte in Vertiefungen zu stecken waren. Bekräftigungen wurden als Lob verteilt. Die Autoren bildeten 4 parallelisierte Stichproben: alle Versuche mit bzw. ohne Bekräftigung, oder unter beiden Versuchsbedingungen 1. Hälfte mit Bekräftigung, 2. Hälfte ohne und umgekehrt.

Bei dieser Anordnung konnte indes lediglich der positive Kontrasteffekt bestätigt werden.

Für unsere folgenden Überlegungen bleibt der positive, also der Elevations-Effekt zunächst randständig, denn frustrationstheoretisch ist die Minderung der Belohnung, also der negative, der Depressions-Effekt zentral. Die nicht durchgängig beobachtbaren negativen Wirkungen nach Minderung lenken die Aufmerksamkeit auf die jeweiligen Modi der vorgängigen Bekräftigungserfahrung. Es ist mit empirischer Berechtigung anzunehmen, daß der Depressions-Effekt nach vglw. kontinuierlicher Bekräftigung stärker sein wird als nach intermittierender Bekräftigung. Gerade unter Bezug auf das Frustrations-Theorem darf der angesprochene Effekt nur aus kontinuierlicher Verstärkung und der abnehmenden Belohnungsgröße resultieren, nicht aber nach partieller Bekräftigung. Denn: Eine klassisch konditionierte Belohnungserwartung ruft Frustration hervor, wenn die faktisch eintretende Belohnung unterscheidbar niedriger ist als die erwartete Belohnung (vgl. Bower 1962).

Indes führt ein Training unter partiellen Verstärkungsbedingungen zu Schlüsselreizen antizipatorischer Frustrierung und eben deren Konditionierung auf die beginnende instrumentelle Reaktion. Hier würde also die Herabsetzung der Belohnungsgröße gleichsam schon bekannte, erfahrene frustrative Reize evozieren, die bereits auf die instrumentelle Reaktion konditioniert sind! Die Folgerung besagt, daß Depressions-Effekte nach konditionierter Bekräftigung durch Initial-Training unter partieller Verstärkungsbedingung eliminierbar sind. Einfacher formuliert könnte man sagen, daß die Versuchstiere unter partieller Bekräftigungserfahrung lernen, auch in Präsenz frustrierender Reize zu laufen, also Frustrationstoleranz aufzubauen. Crespi (1942) verwendete zur Erklärung der von ihm beobachteten Kontrast-Effekte keine Frustrationstheorie. Er begnügte sich mit dem Hinweis auf emotionale Faktoren im Versuchstier. Erst Bower (1962) versuchte die angesprochene theoretische Integration. Die Problematik der frustrationstheoretischen Deutung wird durch folgende Experimente deutlich:

Basis ist die Etablierung dreier aufeinanderfolgender Phasen, vor dem Belohnungswechsel vglw. größere Bekräftigung, dann interpolierte Nicht-Bekräftigung, schließlich Applikation vglw. kleinerer Belohnungsmengen. Die Ausgangsüberlegung von Vogel, Mikulka & Spear (1966) bezieht sich mithin auf zwei Effekte, einmal auf die Neutralisierung des Kontrast-Effektes durch die interpolierte Löschung, zum zweiten müßte die Zwischenphase den Depressions-Effekt schwächen, wenn Frustrierung für diese Effekte verantwortlich gemacht werden soll. Die Kontrollgruppe läuft also ohne Löschungsphase.

Die Autoren arbeiteten mit geradem Laufweg. Bei den Läufen werden drei Zeitmaße abgenommen: 1. Start-Zeit (Zeit zwischen Öffnen der Starttür bis zu einem bestimmten Punkt im Laufweg), 2. Laufzeit (Punkt Nr. 1 bis Ziel-Tür), 3. Zielzeit (Durchlaufen der Zieltür bis Futternapf).

Die Versuchstiere werden in 6 Zufallsgruppen eingeteilt. Zwei Gruppen erhalten 10 bzw. 1 Belohnungseinheit bei den Läufen 1—25, anschließend über 25 Versuche Nicht-Bekräftigung gefolgt von 1 Belohnungseinheit. Von zwei weiteren Gruppen (Kontrollgruppen) erhält die erste 10 Einheiten für die Läufe 26—50 und 1 Einheit bei 51—75, die zweite 1 Einheit bei 26—75. Die letzten beiden Versuchsgruppen setzen sich zusammen aus Teilgruppe 1, die 50 Läufe mit 10 Einheiten, gefolgt von 25 Läufen mit 1 Einheit erhält und aus Teilgruppe 2, die bei allen Läufen 1 Einheit erhält. Pro Tag wurden 5 Versuche mit einem Intervall von einer halben Stunde gelaufen. Das jeweilige Versuchstier wurde in die Startbox gesetzt, 3 Sek. später erfolgte Türöffnung.

Die Ergebnisse zeigen, daß die interpolierten Versuche ohne Belohnung keine Wirkung auf den Depressions-Effekt haben. Die eingangs abgeleitete frustrationstheoretische Erwartung erfüllte sich damit nicht, einfacher formuliert, das Experiment bestätigt nicht die These, daß Erfahrung mit Frustrierung die folgende Frustration reduziert. Immerhin kann man spekulieren, daß aus der ersten Experimentierphase mit größerer Belohnung etwas hängen bleibt, also die Löschungsphase überdauert, sonst wären die beobachteten differentiellen Effekte (bei den unterschiedlich belohnten Tieren in der ersten Phase) nicht erklärbar. Wenn — wie in einem Folgeexperiment — 25 belohnte von 50 nicht-belohnten Versuchen gefolgt werden, wie soll dann in der Schlußphase Belohnungserwartung wieder reinstalliert werden, was frustrationstheoretisch zu fordern wäre. Collier & Marx (1959) argumentieren mit der Schätzung von Belohnungsgrößen, die als eine Funktion vorgängiger Belohnungswerte variiert. Solche Anker-Reize können auch während der Löschung = Nicht-Bekräftigungs-Phase erhalten bleiben, werden aber per se nicht mitgelöscht! Aus den zitierten Experimenten interessieren noch Einzelbefunde, nämlich, daß der Depressions-Effekt zuerst nahe am Ziel beobachtet wird, nur gelegentlich nahe am Start, dann aber nicht am Ziel. Dies belegt, daß es untunlich ist, ein simples Totalmaß für die Laufwegzeit zu nehmen, da dadurch Effekte unentdeckt bleiben können. Dies könnte ein Grund dafür sein, daß in anderen Experimenten der Kontrast-Effekt nicht gezeigt werden konnte.

Nach der Diskussion des Belohnungswechsels soll im folgenden nunmehr spezifischer auf die Belohnungsreduktion eingegangen werden.

Ausgehend vom experimentellen Paradigma des doppelten Laufwegs (vgl. Abb. 1) kann als genereller Befund vorweg resümiert werden: je größer die Belohnungsreduktion in Box 1, umso größer das Anwachsen der Laufgeschwindigkeit im Laufweg 2 (vgl. Bower 1962). Eine interessante Frage bezieht sich darauf, ob die geringeren Geschwindigkeiten in L_2 vielleicht eine Funktion hoher Belohnungen in B_1 darstellen, da es sich ja um vglw. gesättigte Tiere handelt, daß also der postulierte frustrative Effekt eben nicht auf erhöhter Motivation durch frustrierende Nicht-Bekräftigung beruht. Die einschlägigen Experimente legen den Schluß nahe, daß in der Regel nur der komplette Entzug den Frustrationseffekt überzufällig erzeugt, daß der graduelle Entzug dagegen weniger signifikante Ergebnisse im Sinne der Hypothese erbringt.

In diesem Zusammenhang erscheint uns ein Experiment von Daly (1968) bemerkenswert, insofern hier doch gezeigt wird, daß Belohnungsreduktion generell Frustrationseffekte erzeugt. Der Autor arbeitete mit einem L-förmigen, doppelten Laufweg, die Zielbox von L_1 dient gleichzeitig als Startbox für L_2, L_1 ist schwarz, L_2 cremefarben. Es wurden 3 Zeitmessungen vorgenommen: bei Start, Lauf, Ziel. Die Versuchstiere waren in 10 Gruppen à 10 eingeteilt, gemäß 4 Belohnungsniveaus (15, 6, 1, 0) und gemäß Belohnungswechsel nach jeder der niedrigeren Größen hin. Die Kontrollgruppen blieben auf dem ursprünglichen Belohnungsniveau. Nach Belohnungslevel und Belohnungswechsel ergeben sich also folgende Versuchsgruppen:

15—15, 15—6, 15—1, 15—0;
6— 6, 6—1, 6—0;
1— 1, 1—0, 0—0.

In der zweiten Box erhielten alle Tiere 0 Einheiten. Bei der Prozedur wurden die Tiere in die Startbox gesetzt, nach Orientierung auf die Starttür diese für 3 Sekunden geöffnet. Die Zieltür schließt beim Durchlaufen der letzten Zeitnotation. Aus der Vielzahl der Befunde sollen folgende herausgegriffen werden:

In der Lernphase (also vor Belohnungswechsel) sind die Geschwindigkeiten in L_1 eine direkte Funktion der Belohnungsgrößen in B_1. Die Geschwindigkeit in L_2 ist umgekehrt proportional den Belohnungsgrößen in B_1. In dieser Erwerbphase gibt es keine Differenzen zwischen Experimental- und Kontrollgruppen.

Nach Belohnungswechsel zeigen sich folgende Resultate: Je größer die Belohnungsreduktion, um so größer die Geschwindigkeit in L_2 und um so kleiner die Geschwindigkeit in L_1. Der Vergleich zwischen Experimental- und der nach Belohnungsgrößen vergleichbaren Kontrollgruppe (also Vergleich der Kontrollgruppe mit 6 Einheiten Belohnung mit der Wechselgruppe auf 6 Einheiten) erbringt keine signifikanten Unterschiede über alle 36 Wechselversuche, wohl aber innerhalb einiger Versuchsblöcke.

Die Ergebnisse innerhalb der Experimentalgruppen lassen folgende Interpretationen zu, von denen die einfachste die Annahme eines Demotivations-Effektes war. Die kleine Belohnungseinheit 1 zeigt mehr Geschwindigkeit in L_2 als die große Einheit 15, was als Hungerreduktion (Demotivation) deutbar ist. Dies erklärt aber nur einen Teil der Daten! Denn gerade die Gruppe 6 zeigt keinen Demotivations-Effekt, d. h. sie lief in L_2 so schnell wie in L_1. Die Geschwindigkeit von Gruppe 15 nahm über den Versuchen in L_2 ab, speziell nahe am Ziel, die Geschwindigkeit der Gruppe 1 wuchs demgegenüber in L_2 an, speziell nahe am Start. Dies deutet auf Mechanismen, die über die Versuchszahl hin anwachsen und differentiell in den Versuchssegmenten auftreten. Die Demotivations-Interpretation ist daher nicht uneingeschränkt haltbar.

Unter dem Aspekt differentiellen Konditionierens kann die Leistung als interaktiver Effekt zwischen Belohnungsgrößen aufgefaßt werden, d. h. Erfahrungen mit zwei Belohnungsgrößen resultieren in Leistungen, die nicht eine Funktion der separaten Belohnungsgrößen sind, sondern deren Kombination, falls Kontrast vorhanden ist. Dies hinwiederum entspricht der frustrationstheoretischen Erwartung. Denn: Die antizipatorische Zielreaktion, die durch Belohnungserfahung installiert wird, ist eine Funktion der Belohnungsgröße und der Anzahl der Darbietungen dieser Belohnungen. Die Erwartung generalisiert auf andere Reize, damit auch auf jede verabfolgte kleinere Belohnung. Die Diskrepanz zwischen generalisierter Zielreaktion und faktisch erhaltener Belohnung ist eine direkte Funktion der Größe der größeren Belohnung. Je größer diese Diskrepanz, um so größer der primäre Frustrationseffekt (Geschwindigkeitszunahme). Das aus diesem Effekt via Konditionierung resultierende Vermeidungsverhalten produziert schließlich kleinere Geschwindigkeiten in der weniger belohnten Laufstrecke. Bezogen auf obiges Experiment läßt sich diese Ableitung auf folgende Test-Resultate stützen: 6 Einheiten nach 15 Einheiten erzeugen Depressions- (Hemmungs-)Effekte in L_2. 1 Einheit vor 6 Einheiten erhöht die Leistung in L_2 (Elevations-Effekt). Beide Effekte wachsen über die Versuchszahl an, weil frustrative Effekte gelernt werden. (Natürlich läuft die Gruppe 0 nicht am schnellsten in L_2, weil Ziel 1 für sie kein Ziel ist.)

Bis hierher zusammenfassend: Gruppen, die kleinere Belohnungsgrößen in B_1 als in B_2 erhalten, haben in der Erwerbsphase Frustrationserfahrung gewonnen und können folglich nie als Kontrollgruppen im Sinne nicht-frustrierter Versuchstiere gelten. Schließlich: Je größer die Belohnungsreduktion, je größer die Geschwindigkeit in L_2. Dieser Effekt erscheint zunächst am Start, dann im Weg, dann im Zielsegment; d. h. er beginnt an der Wechselstelle. Gleichermaßen gilt: je größer die Belohnungsreduktion, je geringer wird die Geschwindigkeit in L_1. Sehr viel allgemeiner soll hier festgestellt werden, daß im Falle einer Diskrepanz zwischen erwarteter und erhaltener Belohnung frustrative Effekte gesetzt werden. Birbaumer (1973) formuliert systemtheoretisch: »Wenn die tatsächlich erhaltene Belohnung geringer war als die erwartete, kommt es zu einem Input vom ›Belohnungsvergleicher‹ in den Bestrafungsmechanismus« (S. 108). Es ist klar, daß Reize, die kurz vor der Frustrierung perzipiert werden, ebenfalls die Fähigkeit zur Aktivierung frustrativer Reaktionen erlangen können, so daß konditionierte frustrierende Signale auch Verhalten blockieren können, das dem ursprünglich frustrierten vorausgeht.

Obwohl die oben referierte Versuchsanordnung bereits belegt, daß der sogenannte Frustrationseffekt nicht allein auf »Sättigung« — also Demotivierung — beruhen kann, soll im folgenden dieser Tatbestand, da er für die Deutung des Phänomens zentral ist, noch einmal in direkter Weise demonstriert werden.

Unsere Ausgangsthese war, daß die beobachtete Beschleunigung nach Nicht-Bekräftigung nicht mit Motivation durch Hunger erklärbar ist. Hall & Marr (1969) haben versucht, den angesprochenen Frustrationseffekt auch unter Konstanthaltung der Hungergröße nachzuweisen. Die Autoren benutzen eine Vorfütterungstechnik. Dies bedeutet, jedes Versuchstier hat beim Verlassen von B_1 die gleiche Futtermenge erhalten, gleich ob eine Reduktion in B_1 vorgenommen wurde oder nicht. Die Versuchstiere, die in B_1 6 bzw. 3 Einheiten erhielten, waren mit 3 bzw. 6 Einheiten vorgefüttert. Auch bei dieser Konstanthaltung der Hungergröße zeigt die Reduktionsgruppe im Versuch höhere Geschwindigkeiten in L_2 (Beginn und Mittelsegment) als die nicht-reduktiven Gruppen, womit der Frustrationseffekt (FE) als Funktion von Belohnungsreduktion demonstriert wird. Nebenbei wird auch in diesem Experiment gezeigt, daß nicht Belohnungswechsel per se, sondern speziell Belohnungsreduktion den Effekt bestimmt. Schließlich war auch eine Verminderung von Geschwindigkeit unmittelbar vor B_1 bei der frustrierten Gruppe feststellbar, was der frustrationstheoretischen Erwartung entspricht, nämlich dem hemmenden Einfluß erwarteter Frustrierung.

Im besonderen soll bei der Aufklärung des hier festgestellten Effektes noch festgehalten werden, daß nicht die absolute Belohnungsgröße, sondern das Ausmaß der Belohnungsreduktion die entscheidende Größe ist. Dies wird durch viele Experimente belegt, in denen die Belohnungsmengen variiert werden und in denen die Kontrollgruppen konsistent eine kleinere Belohnung in B_1 erhalten (vgl. z. B. Patten & Myers 1970).

2.4.2. Belohnungsaufschub

Bis dat, cis dat.

Die theoretischen Konzepte zur Frustrationsintoleranz beinhalten nicht nur die Effekte nach Belohnungsreduktionen, daß also erwartete Belohnung ausbleibt oder von minderer Größe oder Güte ist, sondern auch das Ereignis, daß die erwartete Belohnung später eintrifft als sie erwartet wurde. So ist im klinischen Bereich das Aufschiebenkönnen von Bedürfnisbefriedigungen ein wesentliches Merkmal von Ich-Stärke. Die Fähigkeit, Belohnungen aus adaptiven Gründen zurückzuhalten, wird als Zeichen von Reife und angemessener Realitätsprüfung gewertet (vgl. Mischel & Metzner 1962). Im allgemeinen wird davon ausgegangen, daß die angesprochene Fähigkeit mit dem Alter als einer Funktion von Erfahrungen assoziiert ist und spezielle Persönlichkeitskorrelate hat, die als soziale Reife interpretierbar sind. Dazu einige Gesichtspunkte: Die Fähigkeit, Belohnungsaufschub zu akzeptieren, ist aufzufassen als eine erworbene Fähigkeit, die mit dem Alter und damit verbunden der Erfahrung mit sozialen Verstärkern variiert. Weiterhin, Belohnungsaufschub mag auf abnormes Verhalten bezogen werden, und zwar unter dem Aspekt der Ineffektivität der Konsequenzen des Verhaltens auf das Verhalten.

In folgenden sollen einige typische experimentelle Realisierungen zum Belohnungsaufschub vorgestellt werden. Innerhalb von Leistungsaufgaben kann die Verzögerung der bestätigenden Rückmeldung Belohnungsaufschub bedeuten. Denny u. a. (1960) zeigen, daß der kritische Aufschub bei der Rückmeldung bei einfachen motorischen Aufgaben die Zeit zwischen den Reaktionen (intertrial interval) und nicht die der Zeit zwischen Reaktion und Rückmeldung ist; d. h. nur das erstgenannte Intervall ist leistungsmindernd. Anders sehen indes die Ergebnisse bei verbalen und Gedächtnisaufgaben aus. Nach Brackbill & Kappy (1962) hat der Aufschub keinen Effekt, wenn die Versuchspersonen die Zeitintervalle durch weitere, andere Reize überbrücken können, z. B. auch durch Verbalisierungen, motorische Reaktionen oder Zielorientierungsreaktionen. Die einschlägigen Experimente hierzu lassen erkennen, daß dieser Sachverhalt nur bei typischen Intervallen bis ca. 30 Sek. gilt, nicht aber etwa für 7 Tage-Intervalle, die kaum zu überbrücken sind. Die Minderung des Lernerwerbs durch Aufschub von Belohnung ist bei Versuchstieren in der Regel deutlicher zu demonstrieren, da etwa Ratten weniger über Möglichkeiten zur Zeitausfüllung verfügen. Weiterhin steht zu erwarten, daß variabler Aufschub eher im Sinne partieller Bekräftigung wirkt und daß die leistungsmindernden Effekte nur bei konstantem Aufschub auftreten. Also: Variabler Aufschub sowie die Verwendung von Zwischenreizen macht Verhalten löschungsresistenter. Freilich ist beim letzten Punkt zu prüfen, inwieweit solche Zwischenreize auch konkurrierende Reize hervorrufen können (vgl. Rieber 1961).

Uns interessieren die frustrationstheoretischen Implikationen. Die Einführung von Belohnungsaufschub sollte frustrierend sein und damit konditioniertes Vermeidungsverhalten produzieren, etwa Leistungsabfall bewirken, vor allem dann, wenn diese Einführung früh im Lernprozeß vorkommt. Bei späterer Applikation der frustrierenden Aufschubbedingungen sollte größere Löschungsresistenz erwartet werden, insofern Löschungsresistenz unter Aufschub-Bedingungen abhängig sein muß von Vorerfahrungen in der instrumentellen Reaktion in Präsenz von Aufschub. Genereller gesprochen: Vorerfahrung mit dosiertem Aufschub vermindert den negativen Effekt späterer Aufschub-Bedingungen. Dies scheint empirisch hinlänglich belegt (vgl. Fehrer 1956, Holder u. a. 1957).

Von besonderem Interesse mag nunmehr die Beziehung von Aufschub und den oben dargestellten Experimenten zum Belohnungswechsel sein. Denn man kann ja davon ausgehen, daß ein inhärenter Zusammenhang zwischen Geschwindigkeit und Belohnung besteht. Je schneller das Tier im doppelten Laufweg läuft, umso eher erhält es Futter, umso kleiner wird der »Aufschub«. Diese Implikation bleibt bei den zitierten Entzugsexperimenten außer Betracht. Vor diesem Hintergrund sind diejenigen Experimente frustrationstheoretisch von Belang, in denen langsamere Reaktionen stärker belohnt werden als schnellere. Dies wird als negativ korrelierte Verstärkungsbedingung bezeichnet. Man wird unter solchen Bedingungen erwarten, daß Organismen während der auferlegten Zeit Verhaltensweisen oder Rituale aufbauen, um sich dieser Bedingung effektiv anzupassen. Das Subjekt lernt Reaktionssequenzen, welche die geforderte Zwischenzeit verbrauchen, gleichzeitig kann theoretisch der Erwerb eines inneren Zeitplanes postuliert werden, der den Zeitpunkt der Reaktionsausführung kontrolliert. Dazu folgende experimentelle Anwendung, die wir Logan (1968) entnehmen:

Verwendet wird der doppelte Laufweg mit 2 parallel angrenzenden Wegen (schwarz, weiß). Die Versuchstiere werden in der Startbox vor dem schwarzen Weg placiert und in der schwarzen Ziel-Box belohnt, wenn die Zeit zwischen Öffnen der Start-Tür und Futterreichung mehr als 3 Sek. beträgt. Auf der weißen Versuchsstrecke erhalten die Tiere jedesmal Futter, gleich nach welcher Durchlaufzeit. Kontrolltiere werden analog aber unabhängig von der Zeit behandelt und belohnt.

Zweites Experiment: Die Versuchstiere werden belohnt, wenn sie mindestens 1½ Sekunden warten, bevor sie ihre Nase in den Futternapf stecken und mindestens 10 Sekunden zum Durchlauf gebraucht haben. Kontrolltiere werden unabhängig von Zeitwerten belohnt.

Werden nun die Kontroll-Versuchstiere aus dem ersten Experiment frustriert im Sinne der Nicht-Bekräftigung, so ergeben sich die früher dargestellten Befunde: Nicht-Bekräftigung nach Bekräftigungserfahrung führt zur Erhöhung der Laufgeschwindigkeit. Dies also eine reine Replikation der Amsel-Versuche, Logan beobachtete bei den Experimentaltieren des ersten Experiments ebenfalls diesen Effekt! Auch die Experimental- und die Kontrolltiere des zweiten Experiments offerierten keine abweichenden Reaktionen nach NB. Dies bedeutet, der FE tritt unabhängig von der Geschwindigkeit auf, der Entzug produziert den gleichen Effekt auch bei Belohnung für gefordertes langsames Verhalten. Zusammenfassend: Der Frustrationseffekt resultiert aus korrelierter als auch aus nichtkorrelierter Nicht-Bekräftigung. Die Geschwindigkeit in L_2 nach Frustrierung in B_1 ist die gleiche, egal ob vorher für langsameres oder schnelleres Verhalten bekräftigt wurde.

Belohnungsaufschub hat zunächst leistungsmindernde Effekte. Lipsitt u. a. (1959) stellten fest, daß Kinder auf Lichtreize, die mit Aufschub assoziiert waren, langsamer reagierten als auf Lichtreize mit unmittelbarer Bekräftigung. Bei der theoretischen Einordnung ist allgemein daran zu denken, daß Aufschub die Ausbildung konkurrierender Reaktionen begünstigt. Während des Aufschubs führen bspw. Versuchstiere in Präsenz der Ziel-Box verschiedene Reaktionen durch. Diese Reaktionen werden mit Box-Reizen assoziiert, generalisieren auf Laufweg-Reize und interferieren auf diese Weise mit der angemessenen Laufreaktion und verlangsamen damit das Lauftempo. In Aufschub-Situationen steht daher zu erwarten, daß, wenn die Schlüsselreize, welche die angenommenen Reaktionen (CR) hervorrufen, auch während der Aufschub-Periode präsent sind, mindernde Effekte in Bezug auf die Zielreaktion auftreten. Anders ausgedrückt: Assoziationen mit unangemessenen Reaktionen werden durch Aufschübe begünstigt. Diese Interferenz mit CR sollte eine anwachsende Funktion der Ähnlichkeit der aufschubpräsenten Reize mit den CR-provozierenden Schlüsselreizen sein.

Rieber (1961) hat diese Hyothese bei Kindern überprüft. Die Versuchspersonen hatten eine einfache motorische Reaktion bei Beginn eines CS auszuführen. Die drei Versuchsgruppen setzten sich wie folgt zusammen:

1. DS: Aufschub, CS blieb während Aufschub präsent
2. D: Aufschub, CS endet mit der Reaktion und war nicht präsent während Aufschub
3. IM: unmittelbare Belohnung nach der Reaktion, CS endet bei der Reaktion.

Als Kriterium diente die Reaktionsgeschwindigkeit. Im Versuch DS mag so jede konkurrierende Reaktion während des Aufschubs auf CS konditioniert werden. Auch in der Durchführung D könnten konkurrierende Reaktionen im Intervall ausgeführt werden, aber ohne Präsenz von CS, also nicht auf diese konditionierbar. Wenn der wesentliche Effekt von Aufschub die Konditionierung von CS-Reaktion, welche mit CR konkurrieren, ist, sollte DS deutlich langsamer reagieren als D. Ein Vergeich von D mit IM erlaubt die Einschätzung des Aufschubeffektes bei minimaler Assoziation konkurrierender Reaktionen.

Die untersuchten 89 Kindergartenkinder hatten einen Hebel abwärts zu drücken. Kompletter Druck setzte einen Intervall-Zeitmesser in Gang, der einen Verstärkergeber und einen CS-Geber kontrolliert. Ein erster Glockenton startet, sobald der Lichtreiz, der die Apparatur ausleuchtet, durch den Versuchsleiter gegeben wird. Wenn die Versuchsperson beginnt, den Hebel zu drücken, stoppt Glockenton 1 und startet Glockenton 2, der

wiederum bei vollem Hebeldruck stoppt. Glockenzeit 1 beinhaltet die Start-Latenz, Glockenzeit 2 die Bewegungszeit.
Nun die drei erwähnten Gruppen:
D (N = 30): 12 Sek. Aufschub zwischen der Reaktion auf CS und Abgabe der Verstärkung. CS endet simultan mit der Ausführung der Reaktion.
DS (N = 30): 12 Sek. Aufschub, aber CS bleibt und endet mit der Verstärkungsgabe.
IM (N = 29): unmittelbare Bekräftigung, und CS endet mit der Verstärkungsgabe.
Alle Versuchspersonen erhielten 16 verschiedene CS-Darbietungen, das Intervall zwischen CS betrug konstant 20 Sekunden. In der Instruktion wurde angegeben, wenn das Licht (CS) angeht, solle der Hebel gedrückt werden, danach erfolge die Belohnung.
Die Varianzanalyse erbrachte folgende Ergebnisse:
1. Start-Zeit: DS reagiert langsamer als D, D langsamer als IM.
2. Bewegungs-Zeit: DS ist langsamer als D, D ist nicht verschieden von IM.
Gemäß der Hypothese, daß Aufschub zur Konditionierung konkurrierender Reaktionen auf CS führt, kann vorhergesagt werden, daß D schneller reagieren soll als DS, was hier für beide Zeitmaße bestätigt wird. Als Haupteffekt von Aufschub wäre danach die Erleichterung der Assoziation konkurrierender Reaktionen mit CS anzunehmen.

Wenden wir uns nach diesem Humanexperiment noch einmal dem Tierversuch im doppelten Laufweg zu. Wir gehen davon aus, daß die Reduktion von Belohnung in B_1 als auch der Belohnungsaufschub in B_1 frustrierend sind, unter der Voraussetzung, daß vorher stärker bzw. schneller bekräftigt wurde. In Analogie zu den Reduktionsversuchen Amsels sollte Aufschub ebenfalls die Laufgeschwingeschwindigkeit in L_2 erhöhen.

Dazu wählen wir folgende Versuchsanordnung (vgl. Sgro et al. 1969). Das Ausmaß der Geschwindigkeit in L_2 sollte durch folgende Manipulationen bestimmt sein:
1. Wechsel von Aufschub 0 auf partiellen Aufschub
2. Wechsel von Aufschub 0 auf konstanten Aufschub
3. Konstanter Aufschub über das gesamte Experiment (Kontrollgruppe, bzw. Aufschub per se).

Im Experiment liefen 120 Albino-Ratten, 90—100 Tage alt. Gelaufen wurde im L-förmigen, doppelten Laufweg. Zeitmaße: Startzeit für L_1: Öffnen der Starttür bis Zeitmarke (Photozellen) bei 7 cm, Laufzeit in L_1; entsprechende Maße für die 2. Hälfte der Anordnung.

Zunächst wurden zwei Gruppen gebildet und trainiert, eine erhielt Aufschub 0, die andere Aufschub 15 Sekunden bei B_1-Belohnung. Nach 84 Versuchsläufen wurde jede der beiden Gruppen in drei Zufallsgruppen geteilt, die über weitere 60 Läufe wie folgt behandelt wurden:
1. Aufschub 0 (N)
2. Aufschub 15 Sekunden (D)
3. Aufschub 50 % (P).

Damit ergeben sich 6 Versuchsgruppen, die im folgenden durch je zwei Buchstaben gekennzeichnet werden, der 1. Buchstabe bezeichnet die Bedingung vor dem Wechsel, der 2. Buchstabe die Bedingung nach dem Wechsel, also: N-N, N-D, N-P, D-N, D-D, D-P.

Ergebnisse der Vorläufe: für L_1: Start- und Laufzeiten für L_1, zeigen, daß Aufschub mindernden Effekt hat. Reaktionen mit Aufschub sind signifikant langsamer als Reaktionen ohne Aufschübe.
Vorläufe für L_2: Aufschub in B_1 hat Hemmungseffekte in L_2.
Ergebnisse nach dem Wechsel: für L_1: Start- und Laufzeiten nehmen nach Einführung von Aufschub rapide ab.
N-N läuft bedeutsam schneller als N-D nach beiden Messungen, D-N ist nicht verschieden von D-D, N-D ist nicht verschieden von D-D.
Nach dem Wechsel für L_2: N-D zeigt unmittelbaren Abfall der Geschwindigkeit, gefolgt von leichter Erhöhung.

Folgende Interpretationen sind angezeigt: Laufen unter Aufschubbedingungen in B_1 ruft konkurrierende Reaktionen während des Aufschubs hervor. Wenn die Reize in L_1 ähnlich den Reizen in B_1 sind, sollten diese Reaktionen vglw. früher in der Reaktionskette vorkommen und damit die L_1-Geschwindigkeit reduzieren.

Der Wechsel auf Aufschub hat mindernden Effekt auf Start- und Laufzeiten.

Wesentliches Vergleichsresultat scheint, daß im Gegensatz zur Belohnungsreduktion, die zur Geschwindigkeitserhöhung führt, der Belohnungsaufschub eine Geschwindigkeitsabnahme erzeugt. Dies gilt vorzugsweise für die Startgeschwindigkeit und gleichgültig, ob der Aufschub partiell oder kontinuierlich appliziert wird. Für die Laufgeschwindigkeit scheint der Hemmungseffekt jedoch eindeutig zu Lasten des partiellen Aufschubs zu gehen, was als typischer frustrativer Effekt aufgrund partieller Bekräftigung verstanden werden kann. Die verlangsamten L_2-Geschwindigkeiten bei Tieren unter Aufschubbedingungen in B_1 können theoretisch der Präsenz konditionierter antizipatorischer Frustrationsreaktionen in B_1 zugeordnet werden.

Schließlich sei noch hervorgehoben, daß die Versuchstiere, die in den Vorläufen unter Aufschub liefen, weniger frustrative Effekte nach dem »Wechsel« zeigten, also Abnahme antizipatorischer aversiver Reaktionen in B_1. Bleibt die Überlegung, welche Funktionen nicht dem Aufschub per se oder dem Wechsel auf Aufschub, sondern der Aufschubdauer zugeschrieben werden können. Zur Klärung dieser Teilfrage stützen wir uns auf ein Experiment von Holder u. a. (1957). Die 3 Versuchsgruppen erhielten 1 Sekunde, bzw. 15 Sekunden, bzw. 45 Sekunden Belohnungsaufschub.

Dieser Versuch, der hier nicht mehr im einzelnen dargestellt werden soll, zeigt, daß generell Aufschub als aversiver Reiz gelten darf, daß die beobachteten frustrativen Effekte auch eine Funktion der Aufschubdauer sind und, da auch bei Teilgruppen mit Begleitton (CS) während des Aufschubs gearbeitet wurde, die betreffenden Effekte auch durch CS auslösbar sind. Die Abnahme der Reaktionsstärke, bevorzugt im Segment vor dem Aufschubsort, kann als Vermeidungslernen aufgrund von Frustrierung interpretiert werden, oder ist als Ausbildung fraktioneller antizipatorischer F-Reaktionen einzuordnen. Jedenfalls scheinen uns diese Interpretationen zwingender als die Annahme von Löschungsvorgängen. Denn immerhin weisen die Humanversuche, in denen teilweise mit unerwarteten Wartezeiten gearbeitet wird, auf deutliche aversive Zustände und Reaktionen hin (vgl. Holmes 1972). Wobei allerdings keineswegs etwa aggressive Folgereaktionen im Sinne der Frustrations-Aggressions-Hypothese als Indikator genommen werden dürfen. Buss hat mehrfach gezeigt (vgl. z. B. 1973), daß Wartezeiten (0, 10, 20 Minuten) keine Zusammenhänge mit aggressiven Reaktionen zeigen. Frustration ist keine hinreichende Bedingung von Aggression. Dies wird uns später noch ausführlicher beschäftigen, soll also zunächst aufgeschoben werden.

Im Augenblick genügt für unsere Ableitung die Feststellung, daß Belohnungsaufschub wie auch Belohnungsreduktion als frustrative Ereignisse zu werten sind — freilich mit zum Teil unterschiedlichen Konsequenzen. Wir neigen zu der Auffassung, daß jeder Aufschub das vglw. frustrierendere Ereignis darstellt. Dies scheint uns durch eine größere Reihe von Experimenten belegt, die zeigen, daß vglw. große Belohnungen, die unter Aufschub gegeben werden, die Leistung stärker schwächen als reduzierte, aber unmittelbare Belohnungen (vgl. Ludvigson 1968). Zuletzt sei aber betont, daß die mindernden Effekte nach Aufschub sich vorab bei komplexeren Lernaufgaben bemerkbar machen. Davenport (1962) zeigte, daß diese Einbuße durch Vergrößerung der Belohnung teilweise egalisiert werden kann. Die Zunahme des Belohnungsaufschubs um 1 Einheit konnte durch Erhöhung der Belohnungsmenge um eine logarithmische Einheit ausgeglichen werden.

Wir gehen im folgenden noch auf Beobachtungen zur sogenannten Aus-Zeit (TO) ein, also auf Experimente, in denen für eine definierte Dauer Belohnungen ausgesetzt werden. Wir betrachten dazu einleitend folgende Versuchsanordnung von Azrin (1961):

Tauben werden im Hungerzustand auf Picken konditioniert, Bekräftigung nach jedem Zupicken, später Belohnung nur nach jeder 50. Reaktion. Simultan ist eine TO-Taste zugänglich. Picken auf diese Taste verändert Farbe und Intensität der Käfig-Beleuchtung. Unter dieser veränderten Raumbedingung erfolgt keine Bekräftigung mehr. Dies hat wahrscheinlich zur Folge, daß diese Taste nach einiger Zeit nicht mehr gedrückt wird. Läuft die Anordnung so, daß ein zweites Anpicken der TO-Taste die ursprüngliche Beleuchtung und damit auch die Bekräftigungsbedingung wieder herstellt, so hat das Versuchstier jedenfalls die Möglichkeit, die mit der Belohnung assoziierte Reizsituation zu beenden oder zu restaurieren. Der Organismus verfügt über Löschungskontrollen. Der Autor zeigt nun, daß die Zeit unter Löschungsbedingungen eine Funktion der Anzahl der Reaktionen ist, die benötigt werden, um Belohnung zu erlangen. Wenn sehr häufiges Anpicken der Futtertaste nötig war (z. B. 200), wurde auch ein großer Teil der Experimentalzeit in TO verbraucht (50 %). Die Verlaufsanalyse zeigt, daß diese selbst-produzierte Aus-Zeit nicht unmittelbar nach Belohnung eingesetzt wird, sondern die Versuchstiere produzieren TO gerade bevor sie die Anzahl der Pickreaktionen absolvieren, die nötig sind, um das Futter zu erhalten. Eine schwierig zu erklärende Reaktion, da TO selbst weder verstärkt wird, noch ist die Situationsveränderung in sich verstärkend. Azrin nimmt an, daß Leistung nach solchem Bekräftigungsplan in bestimmten Zwischenphasen aversiv wird — trotz der anscheinenden Abwesenheit aversiver Reize.

Diese Anwendung wird uns in anderem Zusammenhang, nämlich der Selbstapplikation aversiver Reize, noch weiter beschäftigen. Für uns bleibt zunächst die Bestimmung, daß wir unter TO eine Periode verstehen, in der das Subjekt keine Bekräftigung der Reaktion erlangen kann — oder will. Die TO-Bedingung ist damit funktional äquivalent einem negativen diskriminativen Reiz (SΔ). Uns interessieren die negativen Eigenschaften: Wenn ein Signal kurz vor TO präsentiert wird, wirkt dies wie ein Warnsignal. Dies entspricht der üblichen Vermeidungs-Konditionierung (vgl. Ferster 1958). Skinner (1957) betrachtet TO als »mild punishment«, Leitenberg (1965) stellt fest: »... in general TO satisfies the major criteria of an aversive event...« (S. 439). Wesentliches Kriterium sind danach Flucht bzw. Vermeidung nach TO. Allerdings wäre dies noch alternativ in dem Sinne deutbar, daß etwa Flucht einfach zu größerer Bekräftigung führt als TO. Andererseits kann aber gesagt werden, daß TO auch Verhalten unterdrückt, das TO produziert.

Die stärkste Evidenz liegt wohl in den Untersuchungen, die Vermeidungsreaktionen gegenüber Reizen nachweisen, die voraufgehend mit Nicht-Bekräftigung assoziiert wurden. Weiterhin: Kontinuierlich positiv bekräftigtes Verhalten wird in Präsenz von Reizen, die voraufgehend mit Schock konditioniert wurden, unterdrückt, aber beschleunigt in Präsenz von Reizen, die mit TO assoziiert wurden. Dieser letztere Fall kann als Funktion zweier Faktoren aufgefaßt werden: die TO-assoziierten Reize haben schwächere aversive Qualitäten als schockassoziierte Reize und produzieren damit schwächere Vermeidungsreaktionen, und zweitens: TO-assoziierte Reize rufen konditionierte Erregung hervor und vermehren so die Verhaltensrate. Letztlich darf an unser Eingangsbeispiel erinnert werden, nämlich den Fall, wo bestimmte leistungshemmende Verstärkerpläne zur

Flucht ins TO führen. Thompson (1964) hat letzteres bei Ratten und Tauben nachgewiesen. Im Schema sehen die Versuche wie folgt aus:
Dem Versuchstier stehen zwei Reaktions-Alternativen zur Verfügung. Die Alternative 1 wird nach jedem Verstärkerplan positiv bekräftigt, die erste Reaktion auf Alternative 2 produziert TO, die zweite Reaktion auf Alternative 2 stellt die Verstärkungsbedingung wieder her. Es gilt generell, mit der Anzahl der belohnungsnotwendigen Reaktionen steigt auch die Anzahl bzw. Dauer von TO. Der FR-Plan produziert also charakteristische Nach-Verstärkungs-Pausen. Es liegt nahe, die Reaktionen, die zu TO führen, als Vermeidungsreaktionen aufzufassen; dies würde bedeuten, daß im Plan selbst aversive Momente enthalten sein müssen, also etwa durch zuviel Arbeit oder zu lange Bekräftigungsintervalle. Es käme also zu selbstinduzierten Frustrierungen aufgrund der aversiven Ereignisse während der Erlangung von Belohnungen. Selbstauferlegte Frustrierung als Folge noch stärkerer Frustrierung. Jedenfalls würde dies nicht bedeuten, daß TO keine aversive Bedingung wäre, wohl aber bedeuten können, daß sie als schwächere aversive Bedingung gegenüber stärkeren aversiven Reizen präferiert wird. Furchtmotivierte Opferstrategie zur Reduktion von Angst.

Das Vorenthalten von Belohnungen im Sinne einer unabhängigen Variablen kommt nun in den verschiedensten experimentellen Prozeduren vor, man denke an Löschungsprozeduren, Diskriminationslernen, verschiedene Verstärkerpläne. Zur Unterscheidung: In der Löschungsprozedur gibt es keine Reize, welche die Abwesenheit der Belohnung signalisieren; bei SΔ wird die Abwesenheit der Belohnung abgelöst durch einen Wechsel der Reizbedingung; in jedem Verstärkungsplan gibt es Hinweisreize für die Nicht-Belohnungs-Periode, zeit- und reaktionsbezogen.

Das Aussetzen von Belohnungen führt im allgemeinen zur Abnahme der belohnten Reaktion. Dies scheint uns die entscheidende Beobachtung für die Evidenz der aversiven, eben hier frustrierenden Charakteristik zu sein. Freilich — und dies gilt auch generell für andere Frustrierungs-Paradigmen – ist TO nicht so effektiv im Sinne der Reaktions-Unterdrückung wie etwa Bestrafung. Der Belohnungsentzug gewinnt an Effektivität, wenn nicht bestrafte, wenn insbesondere belohnte Alternativen zur Verfügung stehen und wenn TO von größerer Dauer ist (vgl. Zimmermann & Ferster 1963).

2.5. Frustrierung im Lernprozeß

Bei der Darstellung der Frustrierung als Nicht-Bekräftigung nach Bekräftigung haben wir bisher insbesondere Belohnungsreduktion und Belohnungsaufschub als die wesentlichen Paradigmen behandelt. Die Diskussion zum Belohnungsentzug, vor allem zum TO, machte bereits deutlich, daß Nicht-Bekräftigung innerhalb verschiedener Prozeduren vorkommt. Bisher haben wir den Akzent auf die typischen frustrativen Folgen gelegt: Erregungssteigerung, Intensivierung des Verhaltens, Angst, Vermeidung, Leistungsminderung, Hemmung, Abnahme der Reaktionsrate. Dies sind Konsequenzen aversiver Reize per se. Im folgenden wird nunmehr zu zeigen sein, daß nach Zeit, Frequenz und Intensität dosierte und innerhalb größerer Lernprozesse integrierte Frustrierung zu Verhaltenskonsequenzen führen kann, welche Persistenz und Effektivität instrumentellen Verhaltens erhöhen, mithin zum gleichsam normalen Bestandteil der Entwicklung und des Aufbaus von Verhalten und auch der Effektivität des verarbeitenden Systems (der Persönlichkeit) beitragen. Innerhalb lerntheoretischer Ansätze sollen hier die partielle Bekräftigung sowie das Unterscheidungslernen angeführt werden. Beide Prozeduren sind ähnlich, gerade die Anfangsphase etwa des Diskriminationslernens, wenn mit separaten, sukzessiven Reizdarbietungen gearbeitet wird, entspricht der partiellen Bekräftigung. Denn das Subjekt wird bei einigen Gelegenheiten belohnt und bei anderen nicht — und zwar für die gleiche instrumentelle Reaktion. Der Unterschied liegt im folgenden: Im Experiment mit partieller Bekräftigung wird das Subjekt so lange trainiert, bis es die gleiche Reaktion bei jedem Durchgang macht, während beim Diskriminationslernen differente Reize involviert sind und das Subjekt letzlich selektiv reagiert — aber eben erst dann, nachdem es gelernt hat, nonselektiv auf der Basis partieller Bekräftigung zu reagieren. Mithin, die Prozeduren überlappen sich. Die sukzessive Diskriminations-Prozedur ist der Extremfall eines partiellen Bekräftigungsexperiments.

2.5.1. Partielle Bekräftigung, Löschungsresistenz

Traditionellerweise werden für die Löschungsresistenz bestimmte Verhältnisse von Bekräftigung und Nicht-Bekräftigung verantwortlich gemacht. Festinger (1961) legt eine interessante Variante vor. Gemäß seiner Dissonanztheorie wird erwartet, daß die Anzahl der NB-Versuche, nicht aber das angesprochene Verhältnis entscheidend ist. Es wird argumentiert, daß vermehrte Anstrengung bei NB Dissonanz erzeugt, daß dann Tendenzen zur Dissonanz-Reduktion entstehen, und zwar entweder Verhaltensänderung (Unterdrückung) — oder Extra-Präferenzen: das Tier läuft, um zu laufen. Der Autor geht davon aus, daß in den üblichen Experimenten die beiden Variablen (Anzahl NB-trials; ratio NB) konfundiert sind. Zu bestätigen wäre mithin die dissonanztheoretische Erwartung, daß in Experimenten mit weniger Training-trials schwächere Effekte der partiellen Bekräftigung auf die Löschungsresistenz zu beobachten sind.
Im zugehörigen Experiment wird z. B. von 4 Bedingungen ausgegangen, die sich auf die Anzahl der NB-Versuche beziehen (etwa 0, 16, 27, 72), und innerhalb dieser Bedingungen werden verschiedene Bedingungen von Bekräftigungsproportionen gesetzt (33 %, 50 %, 67 %). Während des Vortrainings erhalten alle Versuchstiere 100 % B.
Die Ergebnisse zeigen, daß nur schwache Differenzen zwischen den verschiedenen Bekräftigungsbedingungen bei Konstanthaltung der NB-Versuche resultieren. Demgegenüber hat die Anzahl NB bedeutsame Effekte und bestimmt also die Stärke der Löschungsresistenz.
In einem weiteren Experiment Festingers wurde eine Gruppe bei jedem Lauf in beiden Boxen 100 % bekräftigt. Eine zweite Gruppe wurde in der Mittelbox nie gefüttert, aber unter Aufschub in der Größenordnung der Freßzeit gesetzt, aber in der Zielbox voll bekräftigt (0 % Mittelbox). Während der folgenden Löschungsphase wurde keine Bekräftigung in der Mittelbox gegeben und die Vt dann wieder in die Startbox zurückplaziert. Während der ersten 30 Löschungsläufe zeigten sich deutliche Differenzen zwischen beiden Gruppen. Gruppe 1 (100 %) startet zunächst mit deutlicher Beschleunigung, bei Gruppe 2 (0 %) nimmt die Geschwindigkeit langsamer zu, wird aber nicht so schnell erhöht. Für die Interpretation kann angenommen werden, daß Löschungsresistenz aus der Anzahl der Nicht-Beträftigungs-Versuche resultiert.
Die theoretische Integration geht davon aus, daß ungenügende oder fehlende Belohnung Dissonanz erzeugt. Wenn S das Verhalten nicht ändern kann, wird diese Dissonanz durch Entwicklung von sog. Extra-Präferenzen, Reaktionen auf

situative Reize, reduziert. Dies führt zur längeren Beibehaltung der Laufreaktion während der Löschungsprozedur.
In diesem Ansatz wird also die größere Reaktionspersistenz nicht auf die frühere Erfahrung mit Belohnungsgröße zurückgeführt, sondern auf Nicht-Bekräftigung — also Frustrierung; »... that rats and people come to love things for which they have suffered«.
Die Kognition von NB ist dissonant mit der Kognition, daß soviel Anstrengung gemacht wurde. Erster Effekt wäre die Steigung der Reaktionspersistenz. Bei kontinuierlicher Wiederholung endlich wird aber wohl doch Verhaltensänderung erzeugt, nämlich Vermeidung. Bezogen auf die Prozedur der partiellen Bekräftigung würde dies bedeuten, daß mit jeder NB Dissonanz eingeführt wird, daß dann Dissonanzreduktion zunächst durch die Entwicklung von Extra-Präferenzen erfolgt; »... the greater resistance to extinction following partial reward is a direct consequence of the process of dissonance reduction«. Für uns ist im Moment entscheidend, daß die Prozedur der partiellen Bekräftigung Frustrationsmomente enthält, und daß diese Momente wesentlich die größere Persistenz von Verhalten bestimmen.
Nach Capaldi & Hart (1962) ist die N-Länge, also die Anzahl der nichtbelohnten Durchgänge vor einem belohnten Durchgang entscheidend für die Löschungsresistenz. Vergleicht man zwei verschiedene Abfolgen mit 1. NBNBNB mit 2. BNNNBB, so enthalten beide Sequenzen die gleiche Anzahl von N, der Fall 1 wird nach aller empirischen Evidenz größere Löschungsresistenz aufweisen, die Anzahl der Konditionierungen ist größer.
Die größere Persistenz von Verhalten gilt nicht nur für definierte Nicht-Bekräftigung innerhalb von Bekräftigungsserien, also für Belohnungsaussetzung oder Belohnungsreduktion, sondern gleichermaßen auch für Belohnungsaufschub (Bacon 1965). Immerhin kann ja die partielle Bekräftigung als Grenzfall eines variierten Aufschubs angesehen werden; beide Prozeduren — Aussetzen und Aufschieben – sind ineinander theoretisch integrierbar. Es kann gesagt werden, daß variierter Aufschub im Gegensatz zu konstantem Aufschub die Löschungsresistenz erhöht (vgl. Logan 1960).
Es bleibt fraglich, ob für den Aufschub-Fall eine dissonanz-theoretische Erklärung zwingend ist. Wir neigen nach Durchsicht der Literatur dazu, als Erklärung größerer Löschungsresistenz dem Moment der Entwicklung antizipatorischer frustrativer Reaktionen (r_f), dem Lernen unter mäßigen, dosierten frustrativen Bedingungen, dem Aufbau von Frustrationstoleranz, den theoretischen Vorrang zu geben, was später noch einmal genauer begründet werden soll. Innerhalb eines behavioristischen frustrationstheoretischen Ansatzes wird im Sinne der mehrfach dargelegten und belegten Frustrations-Erregungs-Hypothese davon ausgegangen, daß eben innerhalb partieller Bekräftigungsprozeduren (im Vergleich zu kontinuierlicher Bekräftigung) intensivere Reaktionen gerade in der Zielregion erzeugt werden und vor allem zu Beginn der Versuche, während diese später im Training abnehmen und dann vglw. intensivere Reaktionen im Mittelteil des Laufwegs auftreten. Es geht danach um die Beziehung, das Verhältnis der Erwartungsgröße in Bezug auf Belohnung bzw. Frustrierung.
Wenn diese antizipatorischen Reaktionen noch schwach ausgebildet sind, dienen sie lediglich als Quelle von generalisiertem »Trieb«. Die internen Antizipationen müssen eine bestimmte Stärke besitzen, um die charakteristischen Reize zu evozieren, die dann die Richtung des Verhaltens bestimmen; Belohnungserwartung bestimmt Annäherung, Frustrationserwartung schließlich Vermeidung. Innerhalb

der partiellen Bekräftigungsprozedur, die Belohnung und Frustrierung enthält, werden in Präsenz frustrativer Reize Zielreaktionen gelernt, die ihrerseits damit größere Persistenz zeigen. Die genauere Ableitung werden wir bei der späteren Darstellung der frustrativen Effekte vornehmen. Hier genügt zunächst der Nachweis des Vorkommens und der Bedeutung frustrativer Ereignisse innerhalb von Lernprozessen, also beim Aufbau von Verhalten.

Dabei bleibt für die partielle Bekräftigung, also für Lernen unter auch partiellen frustrativen Bedingungen, charakteristisch, daß zwar der Lernvorgang verlangsamt, aber die Löschungsresistenz erhöht wird.

Der hier behauptete Aufbau von Frustrationstoleranz, der zur Verhaltenspersistenz beiträgt, kann durch die Einführung von Bestrafung nach Nicht-Bekräftigung begünstigt werden, wie ein Experiment von Fallon (1969) zeigt.

Ausgangsüberlegung ist, daß die Löschungsresistenz nach 50 % NB vermehrt wird, wenn Bestrafung appliziert wird, und zwar nach 50 % der bekräftigten *und* nach 50 % der nicht-bekräftigten Lernreaktionen. Der Effekt größerer Toleranz sollte dabei insbesondere auf der partiellen Bestrafung bei den nicht-bekräftigten Reaktionen beruhen. (Gegenthese: Der Effekt beruht in der Hauptsache auf Bestrafung bei bekräftigten Reaktionen; z. B. Martin 1963).

Fallon prüfte 4 Versuchsgruppen:

Kontrollgruppe (C): 50 % partielle Bekräftigung ohne Bestrafung;
Gruppe (H): Bestrafung bei der Hälfte der bekräftigten *und* nicht-bekräftigten Reaktionen;
Gruppe (HR): Bestrafung bei der Hälfte der bekräftigten Reaktionen;
Gruppe (HN): Bestrafung bei der Hälfte der nicht-bekräftigten Reaktionen.

Die hohe Löschungsresistenz der Gruppe (H) ist ein bekanntes und oft repliziertes Phänomen. Es beruht nach den Ergebnissen Fallons allerdings auf Bestrafung nach Nicht-Bekräftigung (vgl. Gruppe HN). Interpretativ ist davon auszugehen, daß ein Wechsel von 50 % partieller Bekräftigung auf Nicht-Bekräftigung (Löschung) aversive Reaktionen hervorruft, die leistungsmindernden Effekt hat. Wenn aber während der partiellen Bekräftigungsprozeduren das Subjekt zusätzlich eine bestrafungsbedingte Reaktion lernt, wird die Leistung weniger geschwächt. Die Frustrationstoleranz wird durch die Generalisierung von Bestrafung auf Nicht-Bekräftigung gesteigert. Generalisierung läuft über Ähnlichkeiten, Bestrafung ist der Nicht-Bekräftigung ähnlicher (aversive Ereignisse) als der Belohnung; so wirkt Bestrafung in Verbindung mit Nicht-Bekräftigung stärker als in Verbindung mit Belohnung. Ergebnis: Bestrafung nach Belohnung erhöht die Verhaltenspersistenz nicht, Bestrafung nach Nicht-Bekräftigung erhöht die Verhaltenspersistenz (innerhalb von 50 % — Verstärkungsplan).

Geläufiger als die Kombination von NB bzw. PB und Strafe ist die vergleichende Verbindung von PB und CB (Kontinuierliche Bekräftigung) im Hinblick auf die resultierende Löschungsresistenz. Dabei gilt folgende sequentielle Beobachtung: CB nach PB zeigt gegenüber PB allein keine Differenz hinsichtlich der Löschungswerte. Demgegenüber erbringt CB vor PB eine deutliche Reduktion des Löschungswiderstandes, d. h. CB vor PB schwächt die Löschungsresistenz mehr als CB nach PB. Offenbar ist also das vorgängige Bekräftigungsmuster bestimmender! Und gerade dies scheint uns dissonanztheoretisch nicht mehr begründbar oder belegbar. Die PB-Prozedur erfordert vom Subjekt zwei Operationen: Erstens muß S lernen, auf welche Art der Reizsituation hin es sich orientieren soll, zweitens, welche Reaktion auszuführen ist. Bei CB haben wir immer den gleichen Ausgang des ersten Schrittes, also Korrelation mit B, und die Laufreaktion wird auf diesen Ausgang konditioniert. Bei PB liegt demgegenüber kein konsistenter Ausgang vor, S muß über Schritt 1 jeweils neu »entscheiden«, die Laufreaktion wird auf verschiedene Ausgänge konditioniert. In der Kombination von PB und CB wird das zuerst Gelernte die Verhaltensfolgen bestimmen. Zentraler für unsere These ist indes die Annahme, daß die erhöhte Löschungsresistenz nach PB-Prozeduren, speziell auf der intermittierenden NB und nicht auf der intermittierenden B beruht, also frustrationsbedingt ist. Eine Überprüfung wird möglich, wenn zwei verschiedene Verstärkerarten verwendet werden. Kendler (1957) experimentierte mit sowohl hungrigen als auch durstigen Rattengruppen. Die Teilgruppe G_{100} erhielt feste Nahrung bei allen Versuchsläufen, G_{50} bei der Hälfte der Läufe, G_{50-50} erhielt bei einer Hälfte Futter, bei der anderen Hälfte Wasser. Während der Löschungsphase waren alle Tiere hungrig, aber nicht durstig. Weil nun G_{50} als auch G_{50-50} dem gleichen partiellen Bekräftigungsmuster mit Futter unterzogen waren, wird erwartet, daß, wenn PB für die Löschungseffekte verantwortlich ist, beide Gruppen in gleicher Weise löschen. Dies ist aber nicht der Fall! G_{50} erwies sich als deutlicher resistent, und es gab keine Differenz zwischen G_{50} und G_{100}.

Der Löschungseffekt beruht wohl auf PNB, nicht auf PB.

Generell gilt, daß sowohl verzögerte Bekräftigung als auch die Kombination von verzögerter Bekräftigung und partieller Nicht-Bekräftigung zu höherer Löschungsresistenz führen als kontinuierliche Bekräftigung (vgl. Capaldi, Hart & Stanley 1963, früher schon Crum u. a. 1951, Peterson 1956).

Noch allgemeiner ist davon auszugehen, daß Lernen PB involviert, und PB involviert per definitionem NB. Damit wird davon ausgegangen werden können, daß das Lernen persistenter Reaktionen Frustrierungen enthält, die in bestimmter stärkerer Dosierung antizipatorisch wirksam werden sollten, so daß Vermeidungen mit Lernen interferieren. Dies würde zunächst erklären, daß die Leistung unter PB in den ersten Versuchsphasen schlechter ist als unter CB. Unter PB werden also antizipatorische positive und negative Teilreaktionen erzeugt, und wenn die positiven Antizipationen Kontrolle über das Verhalten gewinnen, so bedeutet dies, daß das Subjekt lernt, sich auch in Präsenz frustrierender Reize erfolgreich zu verhalten. In den späteren Durchgängen werden dann die frustrierenden Reize immer mehr an die Annäherungsreaktionen gekoppelt. Resultat wäre erhöhte Löschungsresistenz, die sich als Aspekt von Frustrationstoleranz begreifen läßt. Damit scheint uns eine frustrationstheoretische Erklärung des Phänomens der erhöhten Resistenz und Persistenz nach intermittierender Bekräftigung durchführbar.

Wir fassen wie folgt zusammen: Partiell bekräftigte Ss haben frustrierende Reize als Zielreaktionen assoziiert und reagieren deshab auch noch weiter, wenn primäre Verstärker ausfallen. Bei diesen Ss fällt zudem eine provozierte Emotionalität während der Löschung aus. Demgegenüber zeigen die voll verstärkten Ss auch die volle frustrative Reaktion mit deutlich aversiver Qualität.

Dosierte Frustrierungen im Erwerb lassen spätere Frustrierungen und die daraus resultierenden Vermeidungen vermeiden. In pädagogischer Wertung und therapeutischer Anwendung sollte der Aufbau von Frustrationstoleranz die Fähigkeit zur Abstinenz wie auch zum Genuß einschließen. Virtus in medio.

2.5.2. Unterscheidungslernen, Verhaltenskontrast

Nach klassischer Auffassung wird Diskrimination durch Löschung generalisierter Reaktionen in Präsenz von S— erreicht. Dies bedeutet, daß Reaktionen auf S— mittels Frustrierung (NB) gehemmt werden. Es ist indes festzuhalten, daß diese Frustrierung beim Unterscheidungslernen nicht im gleichen Sinne impliziert ist

wie bei der partiellen Bekräftigung. Spätestens seit Terrace (1963a) wissen wir, daß Diskriminationslernen auch ohne Frustrierung erfolgen kann. Deshalb soll diese spezielle Prozedur zunächst abgrenzend abgehandelt werden.
Voraussetzung für den Nachweis wäre, daß S unterscheiden lernt, ohne jemals eine Reaktion auf S— abzugeben, also ohne Fehler. In der Versuchsanordnung wurden verschiedenfarbige Beleuchtungen (S+, S—) auf die Picktasten projiziert. S— wird lange vor einer hinreichenden Konditionierung der Reaktion auf S+ eingeführt. Diese Einführung von S— erfolgt allmählich, d. h. anfangs mit sehr kurzen und wenig intensiven Darbietungen. Im Verlauf werden Dauer und Intensität graduell bis zum vollen Betrag erhöht. Die Unterscheidungsleistung kann dann ohne Auftreten einer nichtbekräftigten Reaktion auf S— erfolgen, d. h. Frustrierung ist überflüssig. Es steht zur Zeit offen, inwieweit sich diese Versuchsanordnung auf andere Tiere als Tauben mit der gleichen Effektivität übertragen läßt. Nach Terrace scheint die Unterscheidungsleistung höher zu sein als nach der klassischen Anordnung, d. h. es kommen in der Folge kaum Fehler in der Größenordnung vor, wie dies in den früheren Prozeduren der Fall zu sein pflegt. Außerdem kommt es nicht zu negativ emotionalen Reaktionen im Gefolge von F, der »fehlerlos« trainierte Vogel läßt in Anwesenheit von S— keine emotionalen Reaktionen erkennen. Man kann von unserer Position aus sagen, daß die graduelle Art der Einführung von F auch hier Frustrationstoleranz erzeugt hat — analog, wie wir das bei bestimmten Bekräftigungsplänen angenommen haben.
Betrachten wir indes die Regelprozedur. Unterscheidung wird erreicht durch Löschung generalisierter Reaktionen in Präsenz von S—. Die wiederholte Anwendung von F auf S— verursacht die Herausbildung einer Hemmung, die auf S— konditioniert ist, »... avoidance of nonreward is a more powerfull factor in discrimination than approach to reward«; (Amsel 1962, S. 309). Im einfachsten Versuchsfall folgt der Reaktion gegenüber S+ 100 %, gegenüber S— 0 % Bekräftigung. Bei sukzessiver Darbietung wird die Reaktion auf das positive Reizsignal wie üblich konditoniert, die Reaktion auf das negative Signal wird nicht belohnt, d. h. gelöscht. Diese Prozedur läßt sich als Reizdifferenzierung bezeichnen. Demgegenüber wird als Reaktionsdifferenzierung der Fall bezeichnet, wo S sich gegenüber Reiz A in bestimmter Weise verhält und sich B gegenüber in spezifisch anderer Weise verhält. Hier geht es also um Verhaltensdifferenzierung, das Lernen verschiedener Verhaltensformen, die Reize können dann auch simultan geboten sein (Wahlversuch).
Ein prinzipielles Problem ist das Vorkommen von Generalisierungen zwischen positiven und negativen Reizen. Wenn dies der Fall ist, so besteht die Wahrscheinlichkeit einer nicht-kontinuierlichen Bekräftigung in bezug auf den positiven Reiz. Die Aspekte des positiven Reizes, die bestimmten Aspekten des negativen Reizes ähnlich sind, würden dann mit einer Sequenz von sowohl bekräftigten als auch nicht-bekräftigten Versuchen während der Lernperiode assoziiert. Es ist einleuchtend, daß eine solche Sequenz theoretisch der partiellen Bekräftigungsprozedur entspricht und damit auch größere Löschungsresistenz besitzen sollte. Jenkins (1961) konnte in Taubenversuchen die Hypothese bestätigen, daß Reaktionen auf den positiven Reiz einer Diskrimination resistenter gegen Löschung waren als Reaktionen auf einen kontinuierlich bekräftigten Reiz. Auch dieser Befund scheint sich recht gut in unseren frustrationstheoretischen Ansatz einzufügen. Folgen wir nun folgender Überlegung:
Ausgangspunkt ist ja immer, daß ≥ 2 Reize ursprünglich äquivalent bezüglich ihrer reaktionsevozierenden Eigenschaften sind. Lernziel im einfachsten Fall ist

immer, daß auf den einen Reiz reagiert, auf den anderen nicht reagiert wird (Stimulus-Selektion sensu Hull 1950). Die Diskriminanda können sukzessiv oder simultan geboten werden. Greifen wir paradigmatisch den sukzessiv-separaten Fall heraus: Wenn in einer Versuchsreihe die Darbietung S+ und S— zufällig vorgenommen wird, wenn dabei S+ immer bekräftigt und S— nie bekräftigt wird, so reagiert wahrscheinlich das Subjekt zunächst auf beide Reize, schließlich aber lernt es, auf S+ und nicht auf S— zu reagieren. Es entwickelt sich eine Hemmung der Reaktion auf S—, die in der Terminologie Hulls nicht auf vorgängiger Präsenz von I_R beruhen kann, insofern anfangs auf beides ja reagiert wird. Nach Hull müßten sich Hemmungen bei beiden Reaktionen entwickeln, die aber bei S+ durch Verstärkereffekte (S^HR) ausgeglichen würden. Nach Amsel (1958) bleibt aber die Frage, was geschieht, wenn $S+^HR$ ein Maximum erreicht. Jetzt müßten Hemmungseffekte (S^IR) in Bezug auf S+ erkennbar werden, die Diskriminationsleistung müßte wieder verlorengehen. Es erscheint überlegenswert (vgl. Nissen 1950), ob hier ein frustrationstheoretischer Ansatz nicht doch konsistenter und zwingender ist. Dies würde relativ einfach beinhalten, daß S— zu antizipatorischen frustrativen Reaktionen führt, und daß diese sich mit Nicht-Reagieren assoziieren; s_B wäre auf Annäherungsreaktionen, $s_{NB} = s_F$ auf Vermeidungsreaktionen konditioniert.

Für uns bleibt das Vorkommen und der Effekt von F innerhalb des Unterscheidungslernens das zentrale Thema. Wenn einige Bekräftigungen von S+ stattgefunden haben, bevor das differentielle Bekräftigen von S+, S— beginnt, sind eindeutige Frustrationsbedingungen gegeben. Dies ist indes nicht der experimentelle Modalfall. Denn — vorab bei simultaner Darbietung — haben wir es von Anfang an mit differentieller Verstärkung zu tun. Inwieweit entwickelt sich hierbei Frustration? Aus anderen experimentellen Versuchen wissen wir, daß NB früh innerhalb partieller Verstärkungspläne (vgl. 50 %) keinen Frustrationseffekt zeigt, daß aber FE sich sukzessiv im Versuchsverlauf entwickelt. Bezogen auf das Unterscheidungslernen: In der ersten Phase, also solange noch nicht differentiell reagiert wird, entwickeln sich antizipatorische Zielreaktionen (r_B — s_B). Wenn aber S^Hr_B — s_B genügend stark entwickelt ist, wird NB zu FE führen und Unterscheidungsleistung möglich. Zentral für diese Ableitung ist also die Annahme, daß letztlich S+ und S— auf positive bzw. negative Zielreaktionen (r_B – s_B; r_F — s_F) konditioniert werden und dann $S+^Hr_B$ — s_B bzw. $S-^H_E$ — s_F produzieren; s_B und s_F werden mit differenten Reaktionen, d. h. Annäherung bzw. Vermeidung assoziiert.

Nun ist aber die Feststellung, daß für unseren simplen Fall gegenüber S+, S_1 schließlich reagiert wird, daß gegenüber S—, S_2 praktisch nicht mehr reagiert wird, nicht der volle Befund. Wir müssen noch einmal bei der Reizgeneralisierung ansetzen. Diese impliziert, daß es eine positive Beziehung zwischen den Reaktionstendenzen gegenüber S_1 und S_2 gibt. Werden die Verstärkungsbedingungen für S_1 fixiert, für S_2 aber variiert, so verändert sich die Reaktionstendenz gegenüber S_2. Einige Experimente zeigen dann einen Transfer auf S_1 (positive Induktion). Uns interessiert nun zweierlei: erstens der Fall der Belohnungsreduktion gegenüber S_2, zweitens die Frage nach einer negativen Induktion. Beides ist frustrationstheoretisch relevant, wie aus unseren früheren Ableitungen leicht ersichtlich.

Die Belohnungsreduktion = Frustrierung bei der Reaktion auf S_2 führt bekanntlich zur Reduktion der Reaktionsrate, gleichzeitig aber — trotz gleichbleibender Bekräftigung betr. S_1 — zur Erhöhung der Reaktionsrate gegenüber S_1.

Dieses Phänomen wird als »Verhaltenskontrast« (Reynolds 1961 a) bezeichnet.

Dazu ein typisches Taubenexperiment in der Skinner-Box. Die Diskriminanda sind differente Farben, die auf die Picktaste projiziert werden. Sie erscheinen in wiederholten Zyklen von bspw. 6 Minuten Dauer, also etwa 3 Minuten Rot (S_1), dann 3 Minuten Grün (S_2) usf. Für Picken bei S_1 wird ein bestimmtes Verstärkungsprogramm eingestellt, ein anderes betr. S_2. Anfänglich — durch Ermittlung der Bezugslinie — werden für beide Reizbedingungen die gleichen Verstärker verabfolgt. Anschließend erfolgt die Verstärkungsvariation bei S_2, beobachtet werden die Reaktionsveränderungen, Reaktionsdifferenzen. Resultat: Ein Programm, das die Reaktionsrate r_2 reduziert, erhöht die Reaktionsrate r_1, obwohl die Verstärkungsbedingungen für r_1 konstant bleiben. Reynolds hat gezeigt, daß das Ausmaß der kontrastbedingten Veränderungen von r_1 in positivem Zusammenhang mit der relativen Häufigkeit der Bekräftigungen nach Darbietung von S_1 steht. Außerdem ist der Kontrasteffekt um so größer, je ähnlicher S_1 und S_2 sind. Damit wird der klassischen Annahme widersprochen, nach der mit der Reizähnlichkeit die positive Induktion zunimmt.

Der Kontrasteffekt kann nicht mit Antriebs-Sättigung erklärt werden, denn er bleibt aus, wenn kein differentieller Reiz vorliegt. Er ist kein reaktionsbedingtes Ermüdungsphänomen, denn er zeigt sich auch, wenn S_1- und S_2-Perioden über verschiedene Tage verteilt werden.

Es scheint demgegenüber zumindest plausibel, daß wir es hier mit einem primären Frustrationseffekt zu tun haben, und zwar im Sinne unseres bereits mehrfach zitierten Befundes, daß nämlich F zur Erregung und Intensivierung des Folgeverhaltens führt (vgl. aber auch die Alternativ-Ansätze zum Adaptions-Niveau-Effekt, z. B. Catania 1961).

Die Darstellung der »Frustrierung im Lernprozeß« hat an zwei relevanten Lernprozeduren, nämlich der partiellen Bekräftigung und dem Unterscheidungslernen, gezeigt, inwieweit Frustrierungen zum Aufbau, Ausbau und der Differenzierung von Verhaltensweisen maßgeblich beteiligt sind. Diese Betrachtungsweise ist gegenüber der Rolle, die der Frustration im Zusammenhang mit Blockierung, Konflikt oder Liebesentzug und deren meist negativ gewerteten Folgen zugeschrieben wird, unüblich. Es steht aber außer Frage, daß Frustration sowohl eine wichtige Determinante abweichenden und gestörten Verhaltens und Erlebens sein kann, als auch unter definierbaren zeitlichen und graduellen Bedingungen zur Persönlichkeitsreifung beiträgt, ja Voraussetzung notwendiger, angemessener Frustrationstoleranz ist, die eines der wesentlichen Merkmale dieser »Reife« darstellt. Frustrationen können in bestimmten Lernkontexten Entwicklungen verhindern und unangepaßtes Vermeidungs- und Wiederholungsverhalten erzeugen, in anderen Kontexten und unter anderen Bedingungen konstruktive Entwicklungen und Problemverarbeitungen erst ermöglichen. Entsprechend wird keine Verhaltenmodifikation oder psychologische Therapie überhaupt ohne dosierte Frustrierung als einer notwendigen, wenngleich nicht hinreichenden Bedingung auskommen. Verhaltensaufbau, Verhaltensdifferenzierung und Verhaltensänderung enthalten Momente der Nicht-Bekräftigung.

Dieses vorläufige Resümée führt uns zur Frage der Frustrationstoleranz als eines Persönlichkeitskonstruktes. Hierüber soll im folgenden unter »Frustrabilität« gehandelt werden.

3. Frustrabilität

Wird Frustrierung kurz als Nicht-Bekräftigung nach Bekräftigung bestimmt, so werden damit die vorgängige Bekräftigungserfahrung und die daraus abgeleitete Bekräftigungserwartung die wesentlichsten Bedingungen für das Eintreten von Frustration. Damit rückt die Lerngeschichte des Subjekts in den Mittelpunkt der Frage nach der Frustrierbarkeit. Weiterhin tauchen Frustrierungen in bestimmten sozialen Kontexten auf, sie gewinnen für das Individium unterschiedliches Gewicht danach, wie sie kognitiv bewertend eingeordnet werden, wer oder was das Frustrierende ist, welche Intentionen der Frustrierung zugeschrieben werden usw. All diese kognitiven Operationen betreffen das Umgehen mit und das Verarbeiten von frustrierenden Ereignissen. Unsere folgenden Überlegungen beziehen sich auf Bedingungen, unter denen Frustrierungen zu Frustrationen werden. Die Vielzahl der relevanten und untersuchten Variablen wird wie folgt gegliedert:
1. Erfahrung und Erwartung,
2. Bewertung und Benennung,
3. Frustrationstoleranz.

3.1. Erfahrung und Erwartung

Aus den früher dargestellten Tierexperimenten resultiert der Befund, daß frustrative Effekte in monotoner Abhängigkeit von der Größe der vorgängigen Belohnungen stehen. Der Entzugseffekt entspricht der Belohnungserfahrung. Neben der Größe der erfahrenen Belohnung ist der gewohnte Zeitpunkt der Belohnung von Gewicht. Beides haben wir im Abschnitt über Belohnungsreduktion und Belohnungsaufschub analysiert. Es wurde dabei weiterhin deutlich und abgeleitet, daß die aus diesen Erfahrungen resultierenden Erwartungen — die antizipatorischen Reaktionen — dann die entscheidenden Einflußgrößen für den frustrativen Effekt darstellen. Der Grad der Bekräftigung, der die stärkste frustrative Reaktion erzeugt, erzeugt auch die stärkste antizipatorische frustrative Reaktion. Die Resistenz oder Persistenz der Reaktion ist abhängig von der Interaktion der antizipatorischen-frustrativen Reaktion mit der antizipatorischen Zielreaktion. Je ungleichgewichtiger die Balance zugunsten der Zielreaktion ausfällt, um so rapider erfolgt die Löschung. Demgegenüber: »If approaching the goal in the presence of r_f has been well conditioned, resistance to extinction is evident« (Coughlin 1970, S. 118). Ganz allgemein ist der Zusammenhang von Belohnungsgröße und frustrativem Effekt experimentell evident. Kriebel (1973) ist der Frage nachgegangen, inwieweit sich dieser Zusammenhang auf Fragebogenebene replizieren läßt. Es wurde die einfache Erwartung formuliert, daß Vpn mit hohen Verstärkerwerten (erfaßt über Verstärkerlisten nach Cautela & Kastenbaum 1967) in einem Frustrationstest (Satzergänzungsverfahren) entsprechend erhöhte Frustrierbarkeit zeigen sollten. Keine der frustrationstheoretischen Hypothesen konnte indes bestätigt werden. Dieser Befund kann nicht mit der Unspezifität der Zusammenhänge erklärt werden, denn auch die faktoriell selegierten, etwa die sozialen Verstärker, zeigten keine der erwarteten Zusammenhänge mit den entsprechenden sozialen frustrativen Reaktionen. Angesichts der enttäuschenden Validitäts-Erfahrungen mit Rosenzweigs Frustrations-Test ist der Befund nicht überraschend. Zuviele Zwischenvariablen und Zusatzbedingungen werden im komplexeren humanen Verarbeitungssystem außer acht gelassen, wie sie gerade auf der paper-pencil-Ebene wirksam werden. Frustrierungen werden offensichtlich im Experiment eher denn in der Befragung zu Frustrationen. Am Beispiel der partiellen Bekräftigung wurden in spezifischer Weise die Wirkungen von verteilten positiven und frustrierenden Erfahrungen deutlich. Dabei erwies sich auch die sequentielle Position von F — etwa vor oder nach CB — als belangreich. Wir setzen für die nun folgenden Ableitungen noch einmal an diesem Punkt an und fragen zunächst — ausgehend von einer Handlungssequenz — nach der Bedeutung der Position oder des Zeitpunktes, an dem die Blockierung erfolgt. Es steht zu erwarten, daß eine Frustrierung nahe am Ziel frustrativer ist als eine entfernter auftretende. Wir illustrieren dies an einem Experiment mit Kindern (Haner & Brown 1955).

Die Kinder hatten verschiedene Reihen mit Murmeln aufzufüllen und konnten bei verschiedenen Auffüllstellen blockiert werden, wonach alle bereits eingefüllten Stücke durchfielen. Gleichzeitig mit der Blockierung ertönte ein Summer, der durch Hebeldruck ausgeschaltet werden konnte; dann erst konnte der Versuch weitergehen. Der Druck auf den Hebel wurde als abhängiges Maß für die Stärke der frustrativen Reaktion erfaßt. Die Ergebnisse zeigen, daß der Hebeldruck mit der Zielnähe der Blockierung zunimmt, also am stärksten ist, wenn gerade die letzte Reihe kurz vor der kompletten Auffüllung steht. Clifford & Cross (1970 haben an dieser Versuchsanordnung moniert, daß für die Interpretation nicht nur Zielnähe, sondern auch Distanz vom Start oder aufgewendete Anstrengung in Betracht kommen. Sie prüften deshalb die bei Haner & Brown konfundierten Variablen in getrennter Weise, nämlich Zielnähe, Startdistanz, Spiellänge — alle jeweils in bezug auf die Reaktionsstärke nach Blockierung. Es wurde ebenfalls ein Murmel-Auffüllgerät mit Belohnungsanzeige verwendet. Zusätzlich wurde eine Art Holzfigur eingeführt, »die möchte, daß Du das Spiel nicht gewinnst.« »Die Holzfigur macht manchmal ein Geräusch, und dann fallen alle eingelegten Murmeln wieder heraus und dann verlierst Du. Du kannst das Geräusch stoppen, wenn Du auf ihn drauf schlägst. Dann kannst Du Dein Spiel neu anfangen und doch noch gewinnen.«

Der Versuchsplan schloß verschiedene Spiellängen ein, verschiedene Startdistanzen, verschiedene Spieldistanzen. Das Ergebnis bestätigt die Interpretation der früheren Experimente: Die Reaktion steigt bei konstanten Spiellängen mit der Zielnähe der Blockierung.

Position der Frustrierung innerhalb einer Verhaltenssequenz ist also neben der Größe der Belohnungs- bzw. Frustrationserwartung eine wesentliche Bedingung der Frustrierbarkeit. Erweitern wir nun diesen experimentellen Horizont und fassen die Situation ins Auge, etwa die aktuelle soziale Situation, in der Frustrierung realisiert wird. Kissel (1965) hat in einem interessanten Experiment gezeigt, daß der frustrative Effekt von der Anwesenheit anderer Personen beeinflußt wird. Damit werden auch die sozialen Determinanten von Frustrationseffekten deutlich. Der Autor erzeugte »Streß« bei Studenten mittels u. a. unlösbarer Aufgaben, erfaßt wurden physiologische Erregungsmaße. Vpn, die in Gegenwart von Freunden frustriert wurden, zeigten geringere F-Werte als solche, die allein oder mit Fremden arbeiteten. Es sei an dieser Stelle wieder verstattet, nach der sozialen Determinante bei unseren Versuchstieren zu fragen, und zwar spezieller nach der Gewichtigkeit sozialer Früherfahrungen. So war bspw. zu erwarten, daß unterschiedliche Wurfgrößen unterschiedliches Verhalten bei späteren Frustrierungen nach sich ziehen. Eine Ratte, die in einer Wurfgröße 12 aufgezogen wird, sollte eine andere Verarbeitungsweise nach Futterfrustrierungen entwickeln als eine, die aus einer Wurfgröße 3 stammt. Ausgangsbeobachtung ist, daß unser geschwisterreiches Tier sich bei späteren Fütterungen mehr und schneller bewegt; man bedenke seine Urerfahrung, nämlich die Raumgröße um die Mutter herum, die Zugänglichkeit der Brustwarzen, die Größe der zur Verfügung stehenden Nahrungsmenge. Es steht anzunehmen, daß im größeren Wurf gestillte Tiere bei Hunger und nach Futterfrustrierung aktiver sind, daß im kleineren Wurf aufgezogene geringere Frustrierungswahrscheinlichkeiten und damit geringere Frustrationserfahrungen haben.

Amsel & Penick (1962) trainierten Vt nach der Stillperiode. Einige Tiere wurden auf heftige Aktivität in Präsenz unzugänglichen Futters trainiert, andere wurden nur gefüttert nach Perioden relativer Inaktivität. Es wurde vermutet, daß die inaktiv konditionierten Vt bei späteren F-Versuchen geringere FE zeigen als die aktiv trainierten. Die Testung erfolgte im bekannten doppelten Laufweg. Dabei wurden folgende Bedingungsvariationen betr. NB eingeführt: ein Teil findet in Z_1 den leeren Futternapf vor, ein anderer Teil findet einen gefüllten, aber hinter einer durchsichtigen Glaswand unzugänglichen Futternapf vor. Gesicht und Geruch kommen auf ihre Kosten, aber es kann nicht gefressen werden.

Die Nicht-Präsenz von Futter entspricht der üblichen F-Prozedur; die Präsenz oder Unzugänglichkeit von Futter entspricht der frühesten F-Erfahrung im großen Wurf. Wenn FE lernabhängig ist, so sollte gelten: Ss, die gelernt haben, auf NB mit Aktivitätssteigerung zu reagieren (vgl. großer Wurf), sollten unter der experimentellen Bedingung »Futter präsent — aber nicht zugänglich« den stärksten FE zeigen. Der kleinste FE sollte bei Vt resultieren, die Inaktivität bei NB gelernt haben (vgl. kleiner Wurf). Die Ergebnisse zeigen, daß der Trainingseffekt (aktiv, passiv bei NB) den FE im Laufweg nicht beeinflußt, gleichgültig, ob die jeweiligen Vt in großen oder kleinen Würfen aufgezogen waren. Die Bedingung »Futter nicht präsent«, produziert einen deutlichen FE in allen Teilgruppen. Die Bedingung »Futter präsent — aber nicht zugänglich« produziert ein initiales Anwachsen der Laufgeschwindigkeit in L_2; aber auch eine Umkehrung des FE, der durch Zeit für Urinieren, Beißen etc. bedingt ist; diese Umkehrung ist temporär, nach ca. 6 Tagen stellt sich auch hier der übliche FE ein.

Unter solch limitierten tierexperimentellen Bedingungen kann also ein Einfluß von Früherfahrung auf FE nicht nachgewiesen werden.

Dies scheint im Humanversuch anders zu sein. Hier wird bei Durchsicht der einschlägigen Experimente deutlich, daß das postfrustrative Verhalten eben nicht allein in Terms der F-Situation selbst prädizierbar ist, sondern daß diese Prädiktionen des Rekurses auf Vorerfahrungen mit ähnlichen Situationen bedürfen. So waren in den Untersuchungen von Davitz (1952) Faktoren des Vortrainingsverhaltens (aggressives vs. konstruktives Training nach FE) die bedeutsameren Prädiktoren.

Ein anderes wird im Humanversuch deutlich, nämlich die beträchtlichen interindividuellen Differenzen der Reaktionsmuster nach F. Und erstaunlich bleibt, daß selbst die Versuche bei einjährigen Kindern bereits große Differenzen der Frustrationstoleranz ausweisen. Im typischen Experiment werden Kindern attraktive Objekte hinter einer Glaswand dargeboten, beobachtet werden visuelle Aufmerksamkeit, manuelle Anstrengungen zum Objekt hin, Affektzustand. Die Versuche zeigen selbst bei Einjährigen unterschiedlichste Reaktionsmuster, vom instrumentell-konstruktiven Verhalten (das Kind greift um die Glaswand herum) bis zum inaktiven Schreien. (Unter den Schreihälsen befinden sich übrigens in der Regel mehr Mädchen.) Diese interindividuellen Unterschiede im frühesten Alter werden durch Pauschal-Hypothesen, wie z. B. die Frustrations-Aggressions-Hypothese, eher verdeckt. Für die Erklärung solcher Unterschiede reichen differente physiologische Zustände (Müdigkeit, Hunger) nicht aus, da diese in der Regel kontrolliert wurden. Auch unterschiedliche Motivationen aufgrund unterschiedlicher Objektattraktivität konnten ausgeklammert werden. Stichhaltig und auffällig sind zweifellos Geschlechtsdifferenzen: Mädchen sind frustrabler als

Jungen. Es bleibt offen, ob oder inwieweit früheste frustrative Vorerfahrungen diese Differenzen aufklären können. Was wir indes sicher wissen, betrifft die Imitation elterlicher Reaktionen auf Frustration. Sethi (1973) untersuchte diese Abhängigkeiten mittels eines semiprojektiven Verfahrens.
Itembeispiel: Herr S. führt ein wichtiges Telefongespräch. Die Leute nebenan machen soviel Lärm, daß er nichts verstehen kann. Vorgegebene Reaktionsalternativen:
1. Er sagt seiner Frau, sie soll den Leuten Bescheid sagen.
2. Er schreit hinüber: Könnt ihr nicht still sein!
3. Er hängt auf und beschließt, später wieder anzurufen.

Die Auswertungsklassen (Dependenz, Aggression, Vermeidung) wurden bei Eltern und Kindern verglichen. Alle drei Vergleiche erbrachten überzufällige Zusammenhänge zwischen Elternreaktionen und entsprechenden Kinderreaktionen. Interessant ist der Einfluß der Eltern-Konkordanz: Konkordanz zwischen Vater und Mutter beeinflußt Dependenz und Vermeidung, nicht aber Aggression. Entscheidender für das Verhalten scheint indes die größere Konsistenz der Reaktion zu sein, und zweitens scheint eine Präferenz der Reaktion des gleichgeschlechtlichen Elternteils zu bestehen.

Die Bedeutung imitativer Lernvorgänge beim Erwerb frustrationsverarbeitender Reaktionen ist aus der psychoanalytischen empirischen Literatur, u. a. auch aus Längsschnittuntersuchungen, wohl bekannt und belegt (vgl. z. B. Weinstock 1967).

3.2. Bewertung, Benennung und Bedeutung

In Mozarts Zauberflöte wird der Held einem Schlüsselreiz ausgesetzt, nämlich dem Bildnis seiner Geliebten, und dieser Reiz ruft ohrenscheinlich angenehme Empfindungen hervor, die ihn zu folgender Arie veranlassen:

»Dies Bildnis ist bezaubernd schön,
wie noch kein Auge je gesehen,
ich fühl es, wie dies Götterbild
mein Herz mit neuer Regung füllt.
Dies Etwas kann ich zwar nicht nennen,
doch fühl ich's hier wie Feuer brennen.
Soll die Empfindung Liebe sein?
Ja, Liebe ist's allein!«

Schachter könnte sich kaum eine ästhetischere Illustration für seinen Labeling-Prozeß wünschen als die, die ihm hier von Tamino geliefert wird. Der Theorie geht es um die Differenzierung emotionaler Zustände, die ihrerseits als Funktion eines physiologischen Erregungszustandes und der zugeordneten Kognitionen begriffen werden. Dabei kann Kognition als Interpretation durch Lernerfahrungen verstanden werden. Danach genügt also eine physiologische Erregung allein nicht, um eine Emotion zu induzieren. Dies betrifft vorab Erregungen, für die man keine hinreichenden Erklärungen zur Hand hat und die somit bewertender Reaktionen bedürfen. Die vielfach replizierten Ausgangsexperimente (vgl. Marañon 1924) zeigen, daß die entsprechenden Bewertungen und Benennungen im situativen Kontext gesucht und gefunden werden.

Führen wir nun, wie im folgenden Experiment (Schachter & Singer 1962), Frustrierung ein:

Den Vpn wird Epinephrin gespritzt. Ein Versuchsagent ist anwesend. Erklärung gegenüber der Vp: Es dauert etwa 20 Minuten bis das ›Suproxin‹ im Blut ist.« In der Zwi-

schenzeit wird ein Fragebogen ausgefüllt. Der Agent sagt: »Das ist doch unerhört...«
etc. Denn der Fragebogen beginnt zwar mit Harmlosigkeiten, wird aber zunehmend und
unverschämt persönlicher. Der Agent macht während des Ausfüllens standardisierte aversive Bemerkungen. Auch der Agent weiß nicht, was im Einzelfall wirklich injiziert
wurde.
Die Ergebnisse zeigen, daß gegebene Erregungszustände zu Emotionen führen können,
daß diese durch kognitive Schlüsselreize (Agenten-Comments) lenkbar sind, daß ebenso
Euphorie wie Ängste erzeugt werden können. Diese Manipulierbarkeit schwindet, wenn
die Vp weiß, daß Epinephrin gegeben wurde und wenn man ihr sagt, was sie fühlen
wird. Bei gegebener sympathischer Aktivation, für die keine unmittelbare, angemessene
Erklärung verfügbar ist, können Ss in diverse und divergente emotionale Zustände
manipuliert werden. Die Variation der Intensität der Aktivierung variiert auch die
Intensität der emotionalen Zustände.
Die Beobachtungen beleuchten die Bedeutung, die den kognitiven Operationen
auch bei der durch Frustrierung erzeugten Erregung zukommt. Frustrierungen
und Frustrationen werden von Kontext und Persönlichkeitsmerkmalen her verschieden bewertet. Sie können als »erwartet« angesehen werden, sie können als
gerecht oder ungerecht, als absichtlich oder unabsichtlich, als selbstverschuldet oder
fremdverschuldet bewertet werden. Diese Einordnungen werden das Folgeverhalten mitbestimmen. Pastore (1952) hat die dem Frustrator zugeschriebene
Intention untersucht. Er konnte zeigen, daß auf Frustrations-Items wie »Ein
guter Freund erzählt Gerüchte über Sie« anders reagiert wird als auf Items »Ein
guter Freund erzählt in betrunkenem Zustand Gerüchte über Sie«. Die zugeschriebene Intentionalität der Frustrierung ist ein bedeutender Aspekt, wobei der
Situationstyp 2 eben auf dieser Untersuchungsebene die Frage offenläßt, ob etwa
die nach Situation 1 häufigen aggressiven Reaktionen gelernt werden, oder ob
Situation 2 überhaupt nicht zu Frustrationen führt.
Die Folgearbeiten von Burnstein & Worchel (1962) lassen den Schluß zu, daß
Frustrierungen, die als »vernünftig« oder »unabsichtlich« bewertet werden, auch
weniger zu Aggressionen führen. Es wird angenommen, daß die Reduktion
offener Aggressionen nicht eine Abnahme aggressiver Reaktionstendenzen bedeutet, sondern daß Hemmungen erzeugt werden (man vgl. Rothaus & Worchel
1960).
Betrachten wir dazu folgendes Experiment:
100 männliche Studierende werden in Kleingruppen in einem Einführungskurs Psychologie
unterrichtet. Folgende 3 Bedingungen kommen vor:
1. Es wird während der Diskussion häufig unterbrochen: »Was meinen Sie dazu?«, »Ist
das überhaupt wichtig?«, »Versteh' ich nicht.«, »Ich kann Ihnen nicht folgen.«, »Warum
sollen wir uns damit befassen?«.
2. Der Agent klagt über Hörschwäche. Er unterbricht deshalb häufig und fragt nach.
3. Keine Blockierungen.
Es wird schließlich eine Diskussion angekündigt, wobei die Vpn angeben sollen, mit wem
sie daran teilnehmen wollen. Es wird sowohl offen wie geheim abgestimmt. Außerdem
werden Fragebogendaten betr. Sympathie-Antipathie erhoben.
Die Ergebnisse lassen die Interpretation zu, daß die nicht absichtlich gewertete Frustrierung zu Aggressionsverschiebungen auf den Experimentator oder Wendung gegen das
eigene Selbst führen.
Auf jeden Fall reduziert diese frustrierende Bedingung die offene aggressive Reaktion,
die zwar ebenfalls hervorgerufen, aber sozial gehemmt wird. Die Verschiebung der
Aggression auf den Untersucher war am stärksten unter nicht-absichtlicher Frustrationsbedingung, stärker als unter absichtlicher F-Bedingung. Die Selbstaggression zeigt die
gleiche Abhängigkeit.

Die Bewertung der Absichtlichkeit bzw. Unabsichtlichkeit frustrierender Ergebnisse ist eine wesentliche Determinante für die Frustrationsfolgen, insbesondere die Aggressivität. Zweifellos wird auch die Lokalisation der Frustrationsquelle über diese Folgen, insbesondere die Richtung der Folgen, seien diese nun konstruktiver oder destruktiver Art, mitbestimmen. Deutsch (1972) hat Korrespondenzen von auto- bzw. heterochthonen Frustrationsbedingungen und auto- bzw. heterotropen Reaktionen nachgewiesen. In diesem Zusammenhang bedarf ein Persönlichkeitskonstrukt der Zuordnung, nämlich der sog. ›Locus of control‹. Im Anschluß an Rotter (1966) kann wie folgt skizziert werden: Es wird danach unterschieden, ob ein Subjekt die erfahrenen Bekräftigungen als Ergebnisse von Zufall, Glück, Schicksal oder irgendwelchen externen Mächten ansieht, als im Grunde nicht von ihm direkt beeinflußbar oder vorhersagbar – oder ob ein Subjekt die Kontingenz im eigenen Verhalten lokalisiert. Ersteres wird externale, letzteres internale Kontrolle genannt.

Brissett & Nowicki (1973) haben entsprechende frustrationstheoretische Hypothesen entwickelt. So müßten bspw. I-Typen frustrierende Barrieren innerhalb von Zielreaktionen für überwindbarer halten als E-Typen. Butterfield ist bereits 1964 dieser Fragestellung mittels Fragebogen nachgegangen. Er unterscheidet 3 Reaktionsklassen nach Frustrierung: Konstruktiv, intropunitiv, extrapunitiv. Die Ergebnisse zeigen deutlich, daß der Abnahme konstruktiver Lösungen eine Zunahme externaler Kontrolle entspricht. Gleichzeitig ist ein Anwachsen intropunitiver Reaktionen feststellbar. Die extrapunitiven Reaktionen zeigten keinen Zusammenhang mit den Konstruktvariablen.

Zwei weitere Konstruktkorrelate sind für unser Thema von Belang, womit wir bereits zum Konzept der Frustrationstoleranz überleiten wollen. Einmal ist die externale Verstärkerorientierung assoziiert mit der Entwertung der eigenen Erfahrungen, d. h. bei der Planung und Vorhersage des eigenen Verhaltens wird weniger auf eigene Erfahrungen zurückgegriffen. Dies sollte sich mindernd auf Frustrationstoleranz auswirken, die ihrerseits eben auf dosierter und eingebetteter Frustrationserfahrung beruht. Zweitens ist plausibel, daß I-Typen einen »längeren Atem« haben, daß ihnen angemessene Aufschübe von Bedürfnisbefriedigungen leichter fallen, sie können sich mittelbarer verhalten.

Neben Bewertungs- und Benennungsoperationen, die das Ausmaß von Frustrabilität mitbestimmen, ist schließlich auf die Bedeutung hinzuweisen, die dem frustrierten Verhalten oder Motiv attribuiert wird. Nicht nur, daß Frustrierung in Zielnähe größeres Bedeutungsgewicht erlangt, sondern gemeint sei hier die Relevanz, welche der betreffenden Aktivität zukommt oder zugesprochen wird. Für die Frustrabilität werden damit auch Inhalt und Gegenstand der Frustrierung in Abhängigkeit von der Selbst-Interpretation, wenn man will der »Besetzungsqualität« bedeutsam. Dieser Sachverhalt ist sicher experimentell kaum in Angriff genommen worden. In den üblichen Operationalisierungen im Humanversuch wird die Erfassung von Bekräftigungsstärken des jeweils frustrierten Verhaltens praktisch vernachlässigt. Die Erfassung der Intensität der Zielintention und der Bedeutung von Ziel und Zielerreichung erfordert u. E. neue differentielle Ansätze.

3.3. Frustrationstoleranz

Die Fähigkeit zum Aufschub von Befriedigungen steht im Zusammenhang mit realistischer Zukunftsorientierung.

Klineberg (1968) untersucht diese Hypothese an einer Gruppe von 10-12jährigen. Die Aufschub-Kapazität wurde über ein TAT-ähnliches Verfahren erfaßt, z. B.: Der Vater gibt seinem Jungen Geld für den Fahrradkauf, entweder 10 Dollar sofort oder 30 einen Monat später. Wie wird der Junge entscheiden?
Am Ende der Versuchsreihe erhielten die jugendlichen Vpn zur Belohnung nach ihrer Wahl entweder Bonbons sofort, oder eine Bonbonniere (doppelter Wert) nach einer Woche. Beide Belohnungspräsente wurden vorgezeigt. (Begründung: Die Bonbonnieren müssen erst beschafft werden.) Etwa 50 % der Kinder wählten den Aufschub in beiden Situationen, 40 % wählten ihn wenigstens in einer Situation, 10 % verlangten in beiden Situationen sofortige Gratifikation. Es zeigten sich keine Zusammenhänge mit Ausbildungsgraden, aber die konsistenten Aufschübler offerierten in einer Art Aufzähltest eine deutlich stärkere Zukunftsbezogenheit im Verhältnis zur Gegenwartspräokkupation. Das Ausmaß, die Länge der Zukunftsperspektive spielt keine Rolle. Daß es sich dabei um realistische Zukunftserwartungen handelt, wurde in einem weiteren Versuch gestützt. Zukünftige Ereignisse sollten von den Vpn danach ordinal sortiert werden, inwieweit sie in ihrem Leben vorkommen könnten. Die gelegten Rangreihen der Aufschübler korrelierten positiv mit den tatsächlich zu erwartenden Ereignissen (unabhängig an Altersnormen erstellte Liste), stärker als bei den Vergleichsgruppen.

Die Wahl zwischen sofortiger kleinerer und verschobener größerer Belohnung wird auch von Mischel & Metzner (1962) als Operationalisierung von Ich-Stärke und F-Toleranz angesehen. Nach diesen Autoren ist die Aufschubpräsenz assoziiert mit: Vater zuhause, Alter, soziale Verantwortlichkeit, Genauigkeit in Zeitkonzepten und Zeitperspektive, Leistungsmotivation, Intelligenz. Es wird insbesondere angenommen, daß die Fertigkeit, Aufschub zu akzeptieren, eine erworbene Fähigkeit darstellt, die mit dem Alter variiert und vor allem verstärkungsabhängig ist.

Das Lernen von Belohnungsaufschub und Belohnungsreduktion — auf diese beiden Ereignisse haben wir Frustrierung oben reduziert — ist ein adaptiver Prozeß unter Berücksichtigung des Realitätsprinzips. Sogenanntes neurotisches Verhalten wäre durch Nichtaufschiebenkönnen von Befriedigungen oder Nichtertragenkönnen von Belohnungsreduktionen ebenso gekennzeichnet wie durch die Unfähigkeit zur Gratifikation im Sinne der Gehemmtheit. Beide Merkmalskontexte charakterisieren deviantes Verhalten. Unser Klient, der unter ejaculatio praecox leidet, ist ebenso durch sexuelle Gehemmtheit charakterisiert wie durch das Nichtaufschiebenkönnen der sexuellen Befriedigung. Unsere Klientin, die unter Erythrophobie leidet, ist ebenso durch soziale Schüchternheit charakterisiert wie durch einen drängenden Impuls nach Darstellung und Geltung.

Von psychoanalytischer Seite ist darauf hingewiesen worden (Kernberg 1967), daß Bedürfnisbefriedigung und dosierte Frustrierung konstitutiv für Ich-Stärke sind, insofern erst durch dosierte Frustrierung eine Abgrenzung von Selbst und Objekt ermöglicht wird. Übermäßige Gratifikationen (Verwöhnungen; kontinuierliche Bekräftigungen) retardieren diese Differenzierung; überstarke Frustrierungen führen über Erregungs- und Angstemotionen zu Abwehrvorgängen gegenüber Selbst- und Objektrepräsentanzen.

Fast alle Neurosen-Deskriptionen enthalten den Hinweis auf herabgesetzte Frustrationstoleranz. Und es ist sowohl lerntheoretisch wie psychologisch konsistent, daß Differenziertheit als Reifekriterium mit der Verarbeitungsfähigkeit und Verarbeitungsweise aversiver Reize zu tun hat.

Rosenzweig (1938), dem wir wohl den Term »Frustrations-Toleranz« verdanken, bestimmte diese als die Fähigkeit eines Individuums, einer frustrierenden Situation zu widerstehen, ohne die Tatsachen der Lebenssituation zu verzerren. Erhöhte Frustrabilität schwächt das Realitätsprinzip und schränkt die Ich-Autonomie ein.

4. Frustration

Im Mittelpunkt breiteren Interesses hat seit den Anfängen der empirisch-experimentellen Frustrationsforschung immer die Frage nach den Effekten und Folgen von Frustrierungen gestanden. Frühe Thesen der 30er Jahre, wie besonders die Frustrations-Aggressions-Hypothese, fanden viele pauschale Eingänge bei Psychologen, Pädagogen, Ideologen, vom Zeitgeist mehr aufgegriffen als begriffen, ohne viel Rücksicht auf Ausgangsdaten, Differenzierungen, Realisierungen, Moderatoren. Doch die empirischen Verhältnisse sind nicht so, jedenfalls nicht so einfach, worüber uns der gegenwärtige Stand der Aggressionsforschung wie der Frustrationsforschung mehr oder weniger leicht belehrt. Dies mag bereits aus unseren Ausführungen und Ableitungen über Frustrierung und Frustrabilität deutlich geworden sein.
Um die heute vorliegenden Thesen, Daten und Interpretationen in den Begriff zu bekommen, schlagen wir folgende Ordnung vor. Unter Frustrationseffekten wollen wir die weitgehend unmittelbar nach Frustrierung beobachteten Reaktionen verstehen, wobei es sich beim primären Frustrationseffekt in der Hauptsache um direkte Manifestationen diffuser, erhöhter Erregung handelt. Bei bestimmter Wiederholungsgröße der frustrierenden Ereignisse werden frustrative Erwartungen, antizipatorische frustrative Reaktionen ausgebildet. Dies sei sekundärer Frustrationseffekt genannt. Neben oder nach diesen Effekten sind eine Reihe ableitbarer und z. T. hierarchisch anzuordnender Folgen zu registrieren. Insoweit Frustration eingetreten ist, also die Erfahrungen des Subjekts unter die Kontrolle eines aversiven Zustandes geraten sind, werden als primäre Folgen — per definitionem — Vermeidungstendenzen resultieren. Lokalisierung der Frustrationsquelle sowie der Grad der Vermeidbarkeit werden schließlich über das resultierende Folgeverhalten entscheiden (sekundäre Folgen).

4.1. Frustrationseffekte

4.1.1. Primärer Frustrationseffekt

Wenn oder insoweit Frustrierungen Frustration erzeugen, also einen deutlich aversiven Zustand nach sich ziehen, also Barriere, Konflikt oder Entzug bei einem bestimmten Frustrabilitätsniveau die Kontrolle über das Verhalten erhalten, so wird die erste Bedeutung von Frustration in der Produktion von Erregung zu suchen sein.
Eine aversive Reizung bewirkt motorische Aktivität und primäre emotionale Reaktionen (Miller 1961 b). Die mehrfach zitierten Rattenexperimente im doppelten Laufweg erlauben die Schlußfolgerung, daß die primären frustrativen Effekte in einem temporären Anwachsen von Erregung zu sehen sind. Antezedente Bedingung für das Auftreten des Effektes ist hierbei die Erwartung von Belohnung, und die Größe der Effekte ist direkt auf eine Erwartungsgröße (r_B) bezogen (vgl. Spence 1956, Scull 1973). Weiterhin darf gelten: Das Anwachsen der

Belohnungsgröße in Z_1 vermehrt auch den Belohnungswert von Z_1 und produziert damit die Tendenz, aus L_2 nach Z_1 zurückzukehren. Die Steigerung der Geschwindigkeit in L_2 resultiert danach aus drei Größen:
1. Tendenz zur Rückkehr nach Z_1,
2. Annäherungstendenz Z_2,
3. Frustrationseffekt (FE).

Eine weitere wichtige Folgerung besteht in dem Nachweis, daß es sich bei der beobachtbaren Aktivitätssteigerung primär nicht um eine Intensivierung spezifischer Folgereaktionen handelt, sondern eben um unspezifische Aktiviätssteigerungen, die auch durch andere experimentelle Anordnungen (also nicht nur im doppelten Laufweg) belegbar sind. Die typische primäre Reaktion ist das Umherlaufen, nicht ein zielgerichtetes Laufen (vgl. Dunlap et al. 1971). Dies wird durch Messungen mittels eines Fußbodens-Stabilimeters in der Zielbox demonstrierbar, und zwar in Z_1 ohne Verfügbarkeit von Z_2, so daß die mögliche Interaktion der Bekräftigungsgrößen Z_1 und Z_2 wegfällt (vgl. Daly 1968). Bleiben wir indes noch bei der experimentellen Veranschaulichung via doppeltem Laufweg und analysieren einige Besonderheiten und Bedingungen. Eine erste Bedingungsvariation bezieht sich auf die Aufenthaltszeit in Z_1. MacKinnon & Amsel (1964) zeigen, daß der FE bei 30 Sekunden Aufenthaltsdauer geringer ausfällt als bei 3 oder 15 Sekunden. Weiterhin ist deutlich, daß die Startzeiten bei kleineren Z_1 kürzer sind als bei größeren Z_1 — bei denselben Vt. Die Laufzeiten aus einem kleineren Käfig sind zudem länger als aus einem größeren Käfig — bei konstanter Aufenthaltszeit. Für die Erklärung wird herangezogen, daß ein größerer Käfig mehr konkurrierende Reaktionen zuläßt, die Startzeiten wachsen entsprechend an. Es könnte ebenfalls sein, daß ein kleinerer Käfig aversiver ist, also eher Fluchtverhalten auslöst.

Wenden wir uns diesen Zusatzbedingungen des Theorems zu. Ein möglicher Ausgangspunkt ist die Annahme des Aufbaus von r_B durch Reize in L_1; r_B wird durch Belohnung in Z_1 reduziert. Im Falle von NB in Z_1 wird r_B nicht reduziert, sondern persistiert über L_2, summiert mit r_B für die 2. Belohnung, und erhöht damit die Geschwindigkeit. Dies wäre vorweg eine Alternative zur frustrationstheoretischen Interpretation, wiewohl sie zu den gleichen Prädiktionen führt (Bower 1962). Allerdings, die hieraus folgende Hypothese, daß FE größer wäre, wenn beide Zielreaktionen vom selben Belohnungstyp wären (also beide Futter) im Vergleich zu verschiedenen Belohnungstypen (Futter und Schock-Vermeidung) trifft nach Berger (1969) nicht zu. Auch wenn ein anderer Belohnungstyp folgt, tritt der gleiche FE auf, also der gleiche Beschleunigungszuwachs. Auch diese Beobachtung erhöht die Plausibilität der frustrationstheoretischen Ansätze, und zwar speziell der Annahme über die motivationalen Komponenten von F. Dies ist direkt auf die Geschwindigkeitszunahme in L_2 nach F in Z_1 zu beziehen. Das operationale Maß für den Frustrationseffekt ist die Differenz zwischen den Laufgeschwindigkeiten in L_2 nach Belohnung vs nach Nicht-Mehr-Belohnung in Z_1. Hypothetisch wird davon ausgegangen, daß Bekräftigung in Z_1 zu Bekräftigungserwartungen, also $r_B - s_B$, führt. Alles, was die Ausbildung von r_B begünstigt, vergrößert F. Die Ausbildung von r_B wird hinwiederum begünstigt durch Reizähnlichkeiten zwischen L_1 und Z_1. Dies scheint durch Amsel & Hancock (1957) hinlänglich demonstriert.

Ergebnis: Es besteht eine Beziehung zwischen r_B und FE. Reizähnlichkeiten wurden z. B. über Farbähnlichkeiten realisiert. Aber auch die Länge von L_1 ist nicht ohne Einfluß, der FE wächst mit längerem L_1 an, der längere Laufweg erfordert mehr Zeit für den Aufbau von r_B, die Wahrscheinlichkeit für den Aufbau von r_B wächst mit der Länge des Laufweges.

Der Einwand, daß der FE in L_2 nach NB nicht mehr von vermehrter Motivation infolge F abhängt, sondern durch die Nicht-Reduktion der Motivation durch Fütterung in Z_1 bedingt ist, scheint durch Wagners (1957) Kontrollgruppen hinlänglich ausgeräumt. Der Autor zeigt, daß die in Z_1 belohnten Vt eher eine langsamere Geschwindigkeit in L_2 zeigen als hier frustrierte Tiere, d. h. die Geschwindigkeitszunahme in L_2 beruht nicht auf mehr »Drive«, sondern auf mehr Frustration.

Dies zur motivationsbezogenen Interpretation von frustrativer Nicht-Belohnung. Bereits Skinner formuliert 1950 (S. 203): »When we fail to reinforce a response that has previously reinforced ... we set up an emotional response perhaps what is often meant by frustration.« Frustration ist damit ein Resultat der Interaktion von NB und Faktoren, die sich während B entwickeln, und der wichtigste Entwicklungsfaktor ist der Aufbau von Erwartungen, also genau das, was Hull (1952) als fraktionelle antizipatorische Zielreaktion (r_B-s_B) anspricht. Anders resümiert: NB führt in dem Ausmaß zu F, in dem während B eine Konditionierung von r_B und Schlüsselreizen in der instrumentellen Reaktionskette eingetreten ist. Damit wird die Frage zentral, inwieweit die Bedingungen für die Entwicklung von r_B günstig sind. Allgemeiner gesprochen geht es um die Verbindung zwischen Belohnung und der zu ihr hinführenden Aktivitäten. Je stärker und leichter diese Verbindung etwa über Reizähnlichkeiten ist, um so stärker ist der FE. Vorausgesetzt ist damit immer ein Mindestmaß an vorgängiger Belohnung, r_B setzt B voraus.

Analysieren wir die Befunde noch einmal an folgendem Experiment (Coughlin 1970): Die Apparatus des doppelten Laufwegs ist uns bereits hinlänglich vertraut:

Abhängige Maße zur Bestimmung von FE sind die Durchlaufzeiten in verschiedenen Segmenten von L_1 als auch L_2. Variiert werden Bekräftigungsgrößen, etwa 25 %, 50 %, 75 % Belohnung. Es ist eine konsistente Beobachtung, daß alle drei Bekräftigungsgrößen eine Zunahme von Speed nach NB in L_2 zeigen. Der Effekt ist im allgemeinen bei G_{50} am stärksten ausgeprägt, stärker als bei G_{25} und G_{75}. In der Testphase des Experiments wird weiterhin eine Abnahme von Speed in L_1 bei allen Gruppen beobachtet, wobei G_{25} den stärksten Abfall zeigt. Die Abnahme der Geschwindigkeit in L_1 ist als übliche Reaktionssuppression (Vermeidung) zu werten und gehört in unserem Sinne zu den primären Frustrationsfolgen. Die Minderung steht in umgekehrter linearer Beziehung zur Bekräftigungsproportion. Die Reaktion, die zu aversiven Zuständen hinführt, nimmt an Häufigkeit ab. Die aversive Reizung selbst führt indes primär zu intensiveren Reaktionen (Speed L_2). Interessant bleibt, daß FE bei G_{50} maximal war. Es läßt sich wie folgt argumentieren: Bei G_{75} wurden zu schwache emotionale Reaktionen in Z_1 provoziert, die Vt verhielten sich entsprechend zielgerichteter aber nicht vglw. schneller; bei G_{25} wurden zu starke emotionale Reaktionen erzeugt, interferierende frustrative Reaktionen (Urinieren, Beißen, Umherlaufen) reduzierten vglw. speed; G_{50} wird optimal frustriert und zeigt den maximalen Effekt im Sinne des definierten Maßes.

Theoretisch wird davon auszugehen sein, daß Frustrierung zur Erregungssteigerung und zur Intensivierung von Reaktionen führt. Diese Frustrations-Erregungs-Hypothese ist nach aller empirischen Evidenz der Frustrations-Aggressions-Hypothese gemäß dem größeren Geltungsbereich vorzuziehen. Es ist einleuchtend, daß intensiviertes Verhalten nicht immer leicht von aggressivem Verhalten durch den Beobachter zu trennen ist, wie durch Walters & Brown (1964) deutlich illustriert wird. Subjektiv dürften der Frustration durchweg die Etikette »unlustvolle Unruhe« oder auch »Ärger« zukommen. Diese primäre Reaktion auf Frustration wird gewiß auch unter die Kontrolle von Lernerfahrungen geraten, d. h. die Wahrscheinlichkeit intensivierten Verhaltens wird durch Lernen am Erfolg erhöht, wie wir an den Folgen, etwa den aggressiven, später noch zeigen wollen. Wenig überzeugend ist die Interpretation der Intensivierung im Sinne von Fluchttendenzen, daß also etwa speed in L_2 ein Weglaufen bedeuten könnte. Dagegen sprechen eine ganze Reihe von Experimenten mit operanten Situationen, die zeigen, daß solche Folgereaktionen eben nicht von F befreien (vgl. Cole & Vaufleet 1970, Platt & Senkowski 1970). Die Erregungshypothese ist vorzuziehen.

4.1.2. Sekundärer Frustrationseffekt

Insoweit Nicht-Bekräftigung frustrativ ist, also ein aversives Ereignis darstellt, wird ab einer bestimmten Intensität und Häufigkeit Reaktions-Reduktion eintreten. Wir gehen davon aus, daß als primärer frustrativer Effekt unlustvolle Erregung auftritt und daß unter bestimmten Wiederholungs- und Generalisierungsbedingungen die Frustration schließlich auch erwartet wird. Diese antizipatorischen frustrativen Reaktionen rücken theoretisch in die Nähe des Furcht-Konzeptes. Beide — Furcht und antizipatorische Frustration — sind Effekte aversiver Reize, zum einen als Straf-, zum anderen als Nicht-Bekräftigungs-Effekte. Beide produzieren charakteristische Reize (S_p bzw. S_f); Schlüsselreize, die im Gefolge von experimentell gesetzten Schocks Furcht hervorrufen, erhöhen die Verhaltensrate in einem Versuchsplan, in dem Vermeidungen bekräftigt werden. Jeder aversive Reiz, der antizipatorisch wirksam wird, vermehrt Vermeidungsverhalten. Da wir annehmen, daß die primäre Folge von Frustrationen im Vermeidungsverhalten zu sehen ist, und da wir annehmen, daß dieses über antizipatorische Reaktionen und die durch diese erzeugten Reize zustandekommt, gewinnen diese antizipatorischen Komponenten der Sequenz besondere Bedeutung. Zunächst wird bedeutsam, inwieweit Furcht oder antizipatorische Frustration Reaktionen hervorrufen, die mit der instrumentellen Reaktion kompatibel sind. Wir haben bei der Analyse der partiellen Bekräftigung gesehen, daß bei bestimmten Proportionen und Positionen von F die instrumentelle Reaktion an Persistenz gewinnt. Die Befunde zeigten insbesondere das Gewicht der Position, d. h. wann in einer Kette von r_b — s_b (Bekräftigungserwartung) r_f — s_f (Frustrationserwartung) eingeführt wird. Zu Beginn sollte diese Einführung schwächere Effekte haben, d. h. weniger inkompatible Reaktionen erbringen. Die erhöhte Resistenz und Persistenz wurde über die Konditionierung von r_f — s_f auf die instrumentellen Reaktionen erklärt. Miller (1960) zeigte, daß graduell intensivierter E-Schock in einem Bekräftigungsversuch mit fortgesetzter Zielbelohnung eher diese Reaktion stärkt. Die so behandelten Ss werden offenbar resistenter gegen die reaktionsreduzierenden Effekte aversiver Ereignisse als nur oder kontinuierlich belohnte Ss.

Dazu zunächst folgendes Experiment, in dem sowohl Bestrafung als auch Frustrierung vorkommen. Brown & Wagner (1964) operierten mit 3 Ratten-Gruppen:
C, einfache kontinuierliche Verstärkung;
N, NB 50 %;
P, Bestrafung 50 % plus Bekräftigung 100 %.
Innerhalb der ersten 114 Versuche wurde die Schock-Intensität der Gruppe P langsam von 75 bis 235 Volt gesteigert.
Im Anschluß an die Trainingsphase wurden alle 3 Gruppen in je zwei Subgruppen geteilt, die erste erhielt konsistente NB (Löschung), die zweite konsistent 235 Volt Bestrafung plus Bekräftigung.

Lernziele sind: Gruppe P soll resistenter gegen Strafe werden, Gruppe N soll resistenter gegen NB werden, beide im Vergleich zu C.

Hauptfrage ist, ob P zusätzlich auch resistenter gegen NB, und N auch resistenter gegen Bestrafung geworden ist.

Die Ergebnisse zeigen, daß die Erfahrung mit Bestrafung oder Frustrierung während der Trainingsphase Resistenz gegenüber den reduzierenden Effekten von Bestrafung und Frustrierung erzeugt.

Es gibt also einen Transfer der Effekte (!), also Gemeinsamkeiten von Furcht und antizipatorischer Frustration. Demgegenüber — d. h. bei aller Gleichheit in Bezug auf die sekundären Effekte — ist von der Operation und bestimmten später darzustellenden Folgen her, der psychologische Unterschied festzuhalten: F ist definiert als Enttäuschung einer Erwartung, nicht als Bedrohung einer Reaktion. Diese Spezifizierung scheint uns für bestimmte menschliche Verarbeitungsnuancen psychologisch wichtig, etwa die Erfassung depressiver oder resignativer Verhaltensbereitschaften. Doch zunächst zu unserer Ableitung. Wir haben bereits früher mehrfach festgehalten, daß die Größe des FE mit der Erwartung von B variiert. Applizieren wir im Experiment partielle Bestrafung von Anfang an, so wächst der FE graduell mit dem Training an (Amsel & Ward 1965). Wird die partielle Bekräftigung nach einer Phase kontinuierlicher Bekräftigung eingeführt, dann ist FE eine anwachsende Funktion der Anzahl der vorgängigen B (Hug 1970 a). Geben wir chronische NB in Z_1 und wechseln dann zu partieller Bekräftigung über, so erscheint der FE in den ersten Läufen nach diesem Wechsel (Platt & Senkowski 1970). Alle Anordnungen und Manipulationen lassen u. E. die gemeinsame Erklärung zu, daß die Stärke von FE von der Stärke von r_B abhängt, d. h. der Grad der unlustvollen Erregung oder der »Ärger« nach F wird bestimmt von der Stärke der positiven Zielerwartungen, der Grad der primären Frustration hängt von der Stärke der »Hoffnung« ab. Dem Aufbau von r_B kommt damit für den FE entscheidende Bedeutung zu. Dieser Aufbau wird zweifelsfrei durch Reizähnlichkeiten begünstigt, die während der instrumentellen Reaktionssequenz und am Zielort angetroffen werden. Der FE wird beeinflußt durch Variablen, die während der Reaktionssequenz präsent sind und die Stärke von r_B bestimmen. Dies ist in Rattenversuchen durch Bedingungsvariationen (verschiedene Farbkombinationen von L_1 und Z_1) hinlänglich erwiesen. Wie kommt es aber nach r_B und dem daraus determinierten FE zu r_f? Wir haben gesehen, daß mit der zunehmenden Entwicklung von r_B—s_B Frustrierung zunehmend frustrativ wird. Wenn NB FE hervorruft, werden die Schlüsselreize, die bislang r_B evozierten, nunmehr auch r_F hervorrufen und wenigstens zeitweise kompetitiv. Werden also r_B und r_F nicht separat evoziert — etwa durch differentielle Schlüsselreize — und wird letztlich die Zielreaktion mehr bekräftigt als vermieden (Fall der partiellen Bekräftigung), so werden der angesprochene Konflikt und auch F reduzierbar, die Notwendigkeit der Bekräftigung nimmt ab, s_F wird assoziiert mit der instrumentellen Annäherungs-Reaktion.

Neben den oben dagestellten primären F-Effekten im Sinne der Provokation von Erregung (F als motivationaler Faktor) wird nach unseren jetzigen Überlegungen ein zweites Frustrationskonzept notwendig, das die Verbindung r_F – s_F einbezieht (F als antizipatorischer Faktor). Ersteres intensiviert Reaktionen, das zweite schwächt Reaktionen.

Insgesamt bleibt F eine aversive Bedingung, d. h. s_F wird schließlich assoziiert mit Vermeidungsverhalten und dieses steht antagonistisch zur Zielreaktion. Die hier diskutierte Erwartungsreaktion, einmal präsent, bestimmt auch die Bewertung der Schwere der Frustrierung. Berkowitz (1960) zeigt in seinen Aggressionsuntersuchungen u. a. die Bedeutung des ersten Eindruckes. Ist dieser positiv gewertet und folgen dann negative Informationen, werden stärkere Aggressionen entwickelt als wenn auch der erste Eindruck negativ gewichtet wurde. Erwartete Frustration wird als weniger schwer bewertet als unerwartete, ». . . unexpected frustrations are perceived as producing a greater degree of interference with his drives than are anticipated obstructions.« (Berkowitz 1962). Davies (1962) macht die interessante Anmerkung, daß Revolutionen häufiger nach längeren sozioökonomischen Verbesserungsperioden, die von einer kurzen, scharfen Umkehr (Rezession) gefolgt werden, auftreten.

Versuchen wir im Sinne einer Zusammenfassung die Entwicklung antizipatorischer Reaktionen theoretisch einzuordnen. Generell gilt, daß Reize der Verhaltenssequenz zu Schlüsselreizen für die Zielreaktion werden. Sie gewinnen selber via Konditionierung Verstärkerwert. Diese Verbindung wird durch die Anzahl der Versuche gestärkt. Die Distanz der Schlüsselreize zum ursprünglichen Verstärkerreiz kann räumlich, zeitlich oder auch wie bei vielen menschlichen Erwartungen symbolisch sein. Dieser antizipatorische Mechanismus wird bei positiven und aversiven Reizbedingungen wirksam, r_f ist analog r_b. Zwischenziele und Schlüsselreize nehmen im Fall der Frustration als gelernte Verstärker frustrative Eigenschaften an. Diese antizipatorischen frustrativen Reaktionen führen wiederum zur Produktion frustrativer Reize.

Wir können beim Stand unserer Ableitung nunmehr wie folgt definieren: Frustrierung bedeutet operational Belohnungsreduktion oder Belohnungsaufschub, also Nicht-Bekräftigung nach vorgängiger Bekräftigung. Diese frustrierenden Ereignisse sind unter bestimmten Bekräftigungsproportionen und in Abhängigkeit von den vorher applizierten Belohnungsgrößen und den daraus resultierenden Erwartungen Vorläufer von primären, aversiven, emotionalen und motivationalen Reaktionen, die wir als »Frustration« bzw. primären Frustrationseffekt etikettieren. Bewertungen, Benennungen, Frustrationstoleranz mediieren den Grad, in dem Frustrierungen zu Frustrationen führen. Eingetretene Frustration führt über die Ausbildung antizipatorischer Reaktionen, die als Konditionierung begriffen werden, zu sekundären motivationalen Reaktionen, die hinwiederum Hemmungswirkung entfalten. Frustrierung führt also im Fall der Frustration zu unmittelbar intensivierten und mittelbar zur Schwächung der Reaktionen. Wir nehmen an, daß beide Effekte in Abhängigkeit von Lerngeschichte und Persönlichkeitsmerkmalen für die Folgen verantwortlich sind, also etwa für die Entwicklung aggressiver Verhaltensbereitschaften oder aber für Vermeidungsverhalten. Sind die beiden Frustrationseffekte nicht durch intermittierende Bekräftigungen, Frustrationstoleranz, situative Bedingungen oder Bewertungsreaktionen geschwächt, tritt also der Fall der voll entwickelten frustrativen Sequenz ein, wird als primäre Folge Vermeidungsverhalten resultieren.

4.2. Frustrationsfolgen

Im Anschluß an die Effekte von Frustrierung, die sich als Erregungssteigerung und antizipatorische frustrative Reaktion fassen lassen, sind unter dynamischem Aspekt die Verarbeitungen und Verarbeitungsfolgen zu diskutieren. Dabei gehen wir davon aus, daß Erregung als primärer FE zur Intensivierung des Folgeverhaltens führt oder doch beiträgt, daß die Intensivierung in Abhängigkeit von der frustrativen Lerngeschichte, den situativen Bedingungen und Bewertungsoperationen und in Abhängikeit vom Ausmaß des FE kanalisiert und instrumentalisiert werden kann, zu intensiveren, auch als aggressiv eingesetzten Reaktionen gegenüber der F-Quelle oder deren Substitut mit der Intention der Destruktion führt. Überwiegt demgegenüber im frustrativen Prozeß, infolge chronischer oder wiederholter Frustrierung, der sekundäre FE, werden also die antizipatorischen Reaktionen verhaltensbestimmend, erweist sich zudem Aggression aus inneren oder äußeren Gründen als undurchführbar, wird als zweite Hauptfolge von Vermeidungsverhalten zu reden sein. Spekulativ betrachten wir die weiteren, unten genauer zu differenzierenden Verarbeitungsfolgen, unter dem Aspekt eines etablierten Vermeidungsmotivs, das entweder zu resignativer, passiver, apathischer Reaktion und Einstellung führt, oder im Falle der Unvermeidbarkeit infolge äußeren oder inneren Drucks Wiederholungsverhalten produziert, das wir unter den Termini Fixierung, Regression und Identifikation behandeln wollen.

4.2.1. Primäre Frustrationsfolge: Intensivierung

Destruktion

Die nach der Frustrierung auftretende Aktivierung und Intensivierung des Folgeverhaltens mag die Wahrscheinlichkeit der Überwindung oder Durchbrechung frustrierender Barrieren erhöhen. Die Kinder in den Versuchen von Barker et al., denen ihr Spielzeug entzogen und ebenso sichtbar wie unerreichbar hinter den Gittern des Laufstalls plaziert wird, mögen in ihrer unlustvollen Erregung diese schließlich instrumentalisieren und in Bewegungsrichtung auf das entzogene Objekt hin an den Gitterstäben rütteln, diese evtl. beseitigen oder zerstören und so die Erfahrung machen, daß Hindernisse zu beseitigen sind, und daß diese Beseitigung zur Zielerreichung führt. Die Stärke der Bereitschaft, auf F mit Aggression und Destruktion zu reagieren, wird zunächst von der Größe der produzierten Erregung und dann von den bisherigen Erfahrungen mit dieser Verhaltenstechnik abhängen. Die gelernte Ursache der Aggression ist Aggression, erfolgreiche Aggression. Für die Definitionsprobleme und theoretischen Positionen muß hier auf die einschlägigen Monographien verwiesen werden. Wir begnügen uns mit der diskutablen Bestimmung, daß Aggression die Zufügung noxischer bzw. destruierender Reize und schließlich ein intentionales Moment impliziert. Dies konstituiert spezifisch Aggression gegenüber Verhaltensintensivierung schlechthin. Während nach unserer Konzeption die Intensivierung nach einem frustrationsbedingten Erregungszustand von hierher auch angeborene neurophysiologische Komponenten enthält, wird bei Aggression im engeren Sinne als instrumenteller Reaktion die Lernabhängigkeit in den Vordergrund gestellt. Diese Klasse von Problemlösungsverhalten zeigt immerhin beträchtliche interkulturelle Differenzen nach Häufigkeit und Art, sie ist stark situationsabhängig und reizkontrolliert (vgl. Status-Differenzen beim Frustrator), sie ist durch Bekräftigung veränderbar, kann induziert und reduziert werden.
Das angesprochene Bedingungsgefüge läßt im Hinblick auf unser Thema folgende These zu: Aggression ist nicht immer die Konsequenz von F, und F führt nicht immer zur Aggression.
Die nicht-frustrativen Antezedentien von Aggression oder Aggressionsbereitschaft sind inzwischen forschungsmäßig hinlänglich belegt. Es sei auf die Bedeutsamkeit von Tradition, aber mehr noch auf das Lernen durch Nachahmung, Ler-

nen am Modell verwiesen. Dabei dürften umschriebene Sozialisierungstechniken einen besonderen Stellenwert besitzen, insbesondere das mütterliche Erziehungsverhalten. Es ist hinreichend belegt, daß allzu große mütterliche Permissivität mit vglw. stärkerer Aggressionsneigung der Kinder assoziiert ist und geradezu als Ermutigung derselben wirksam wird, daß ebenso Bestrafung aggressiver Reaktionen diese lediglich situativ und personengebunden unterbindet und zu vermehrten Aggressionen andernorts, extra muros, führt; auf jeden Fall aber reifere Formen der Auseinandersetzung und Durchsetzung unentwickelt läßt. Zudem mag Bestrafung als Gegenaggression imponieren und unter bestimmten Bedingungen wiederum zum Modell werden. Es gilt generell, daß sehr harte, kontingente Strafe Unterdrückungseffekte setzt, daß diese aber differentiell eher auf die Präsenz der strafenden Agenten beschränkt bleiben, denn Strafe bei gleichzeitig »kaltem« Erziehungsklima reduziert die Internalisierung verhaltenskontrollierender Hemmungsmechanismen. Zudem: Das in seinen Zuwendungsbedürfnissen stark frustrierte Kind hat durch Aggression nichts zu verlieren und durch Kontrolle nichts zu gewinnen.

Damit leiten wir bereits von den nicht-frustrationsbedingten Aggressionen zur Frage nach dem Zusammenhang zwischen F und Aggression über.

Holmes (1972) setzte seine Vpn unerwarteten Wartezeiten (30 Minuten) aus und fand in Abhängigkeit von der frustrierenden Wartezeit erhöhte Aggressionsmaße (E-Schock-Applikation). Buss, Plomin & Carver (1973) ließen Studenten 0, 10, 20 Minuten auf einen Kommilitonen warten, der als Versuchsagent fungierte. Der Agent wurde dann mit der bekannten Aggressionsmaschine (vgl. Buss 1961) unter der Vorgabe eines Lernexperimentes (Bestrafung) geschockt. Es ergaben sich zwischen den verschiedenen Wartezeitbedingungen einschließlich 0 Minuten keine bedeutsamen Differenzen hinsichtlich der verabfolgten Schockintensität. Auch die vorab mittels Fragebogen erfaßten F-Toleranzen (Delay Tolerance Inventory) klärten die interindividuelle Aggressionsvarianz nicht auf. Buss kommt im Gegensatz zu Holmes zur Schlußfolgerung, daß F kein oder nur ein unwesentliches Antezedens von Aggression ist.

Diese These von Buss bedarf indes der Präzisierung. Die Kontroverse zwischen Buss (»a weak antecedent«) und Berkowitz (»a major determinant«) ist zu einem großen Teil in der unterschiedlichen Weite der Definitionen von F begründet. Geen (1968) hält es für notwendig, pure F, also F unkonfundiert mit Angriff, in ihrem Beitrag zur Aggressionsentstehung zu untersuchen. Der Autor zeigt bei experimenteller Trennung der Bedingungen, daß pure F wohl einen wichtigen Beitrag zur Aggressionsreaktion liefert, und zwar in Abhängigkeit entsprechender situativer Hinweisreize. »Frustration is a weak antecedent of aggression unless suitable aggressive cues are present« (S. 320).

Zweifelsfrei ist die Wahrscheinlichkeit von Aggression nach Attacke größer als nach Frustrierung. Im Experiment provoziert das Nicht-Lösen-Können einer Aufgabe in der Regel geringere Aggressionshäufigkeiten und -intensitäten als abfällige Bemerkungen des Versuchsleiters.

Wir beschränken uns im folgenden weiterhin eng auf die Frustrations-Aggressions-Hypothese, können also keineswegs deren systematische Einordnung in die allgemeine psychologische Aggressionstheorie vornehmen. Insbesondere kann der bedeutsame Faktor des Lernens am Modell hier nicht hinreichend gewürdigt werden. Wir begnügen uns mit dem Hinweis, daß solche imitativen Lernvorgänge bei Aggressionen eben als Reaktionsmodelle für die Intensivierung nach F wirksam werden.

Zentral für die psychologische Fragestellung ist die Abhängigkeit der Aggression von der Lerngeschichte, d. h. davon, inwieweit aggressives Verhalten vorher belohnt oder bestraft wurde. Die Beseitigung oder auch Destruktion einer frustrierenden Blockierung wird durch Zielerreichung eine entsprechende Bekräftigung darstellen. Stellt man sich vor, daß eine frustrationsbedingte Aggression ebenfalls frustriert würde, so folgte aus der Frustrierung von Aggression wiederum Frustration. Dies bedeutet, daß aus F entweder Aggression oder weitere F resultieren. Weiterhin: Wäre die Hemmung von Aggression ebenfalls eine Zielreaktion, so ist die Durchführung von Aggression als F zu werten (vgl. Werbik 1974). Unter der Bedingung, daß die Aggressionshemmung > 0 ist, folgt auf F immer F. Aber eben nur, wenn die F-A-Hypothese die strikte Gültigkeit hätte, die sie indes nicht haben kann. Auch die Formulierung der F-A-Hypothese, derzufolge F die Wahrscheinlichkeit von A erhöht (Berkowitz 1969), läßt viele Bestimmungsstücke offen. So bleibt fraglich, ob A auf bestimmte Personen in gegebener Situation prädiziert wird, oder ob A bei einer bestimmten Population in einer gegebenen Situation auftritt, oder für welchen Zeitpunkt A vorhergesagt wird und inwieweit dann, also nach einem Intervall, A noch auf F bezogen werden kann.

Die These, daß F die Wahrscheinlichkeit von Aggression erhöht, läßt verschiedene Interpretationen zu. Die logische Analyse, wie sie Werbik (1974) durchgeführt hat, zeigt, daß es apriori nicht möglich ist, den behaupteten generellen Effekt zu postulieren. Die Wahrheit der Aussage, daß F in einem Verhaltenssegment Aggression im folgenden Verhaltenssegment impliziert, ist nur unter bestimmten Bedingungen deduzierbar, jedenfalls wird dazu die Berücksichtigung kognitiver Vorgänge zwischen Frustrierung, Frustration und Aggression nötig sein. Wir haben bereits früher gezeigt, daß erst die Kenntnis von Zwischenvariablen wie Benennung, Bewertung und Bedeutung samt der bisherigen erfaßten, erwarteten und beobachteten Konsequenzen von Aggression präzisere Prädiktionen erbringen können — bei einer gegebenen Frustrierungsstärke.

Wir erinnern an die Untersuchungen von Pastore (1952) oder Cohen (1955). Bei gegebener F ist die folgende Aggression unter Ideal-Instruktion geringer als unter Real-Instruktion, sie ist bei willkürlich bewerteter F größer als bei zufälliger, sie ist weiterhin abhängig von der geschätzten Stärke des Frustrators. Bei Überblick der einschlägigen Experimente wird zudem deutlich, daß F nicht nur sehr unterschiedlich und damit unvergleichbar realisiert wird, sondern daß F im engeren Sinne nicht von Aggression, Angst etc. getrennt wird, worauf Buss mehrfach hingewiesen hat. Die Befunde zur F-A-Hypothese sind demnach sehr sorgfältig darauf zu prüfen, inwieweit tatsächlich »reine« F als unabhängige Variable bestimmt und inwieweit die kognitive Operation des Subjekts im Hinblick u. a. auf den Bewertungsvorgang »absichtlich-unabsichtlich« kontrolliert wurde. Es könnte sich dann herausstellen, daß der entscheidende Prädiktor von Aggression eben Aggression ist, und nicht Frustration. Buss (1963) kommt nach seinen eigenen Versuchen zur Schlußfolgerung, daß F im Gegensatz zu Attacke ein vergleichsweise schwacher Anreiz für Aggression darstellt und betont die Abhängigkeit des Auftretens von Aggression von deren instrumentellem Wert. Ceteris paribus wird es nach F eher zu offener Aggression kommen, je eher und mehr damit die Frustrierung, also etwa die Blockierung, aufgehoben werden kann.

Gehen wir von der Annahme aus, daß nach einer solchen Bekräftigung von Aggression nach Frustration die Bereitschaft, in vergleichbaren Situationen aggressiv zu reagieren, ansteigt, so wird der Nicht-Erfolg aggressiven Verhaltens seinerseits eine Frustrierung darstellen und die Wahrscheinlichkeit eines aggressiven Folgeverhaltens weiterhin erhöhen.

Entsprechend formulieren die Autoren der F-A-Hypothese: »... interference with acts of direct aggression is an additional frustration increasing the instigation to other aggressive responses« (S. 40). Es wird angenommen, daß es unter dieser Bedingung zu mehr indirekten Formen von Aggression kommt. Dazu folgende Follow-up-Studie von Sears (1961): Kinder, die im Alter von 5 Jahren von ihrer Mutter als hoch aggressiv eingestuft worden waren, wurden nach 7 Jahren erneut untersucht. Alle hatten ihren Eltern enorme Erziehungsschwierigkeiten geboten. Zum späteren Zeitpunkt wurden 2 Teilgruppen unterscheidbar. Kinder, die sich selbst als hoch aggressiv, und Kinder, die sich selbst als wenig aggressiv einschätzten. Dieser Unterschied war aus Mütter-Merkmalen nicht prädizierbar. Die wenig aggressive Gruppe zeigte nach Sears betonte Aggressionsängste und neigte stärker zu indirekteren Formen, z. B. waren sie mehr an härterer Bestrafung von Verbrechern interessiert, offerierten also gleichsam legalisierte Aggressionsformen.

Verschiebungen, Verlagerungen, Abschwächungen von A werden bei gegebener Frustrierungsstärke und gegebener Frustrationsbewertung (Bedeutung, Absicht) und aus der Erfahrung des vergleichbaren bisherigen aggressiven Verhaltens dann wahrscheinlicher werden, wenn die Konsequenzen direkter Aggressionen vglw. negativ antizipiert werden, also etwa Frustrierung von Aggression erwartet wird, was zum Beispiel durch Unzugänglichkeit des Frustrators gegeben sein mag. Die Rache lebt von der Hoffnung auf Genugtuung. Setzt man ein Mindestmaß an Sozialisierung voraus, so kann Unzugänglichkeit des Frustrators sowohl in dessen bedrohendem höheren Status bestehen, kann aber auch durch bestimmte Rückmeldungen (Schmerzlaut des Opfers; vgl. Milgram-Experimente) gegeben sein. Besondere Stärke wie auch besondere Schwäche des Frustrators wirken via antizipierter Aversion aggressionsablenkend oder abschwächend. Es gibt Subalternitäts- wie auch Kavalierseffekte.

Je stärker der frustrationsabhängige Erregungsgehalt, je intensiver A sein wird, je weniger F erwartet wurde, um so weniger werden solche kognitionsbedingten Effekte wirksam werden. »Blind vor Wut« entspricht dem unmittelbar erhöhten maximalen (systolischen) Blutdruck, der erst nach der Attacke auf den Frustrator wieder abfällt, wozu kein Ersatzobjekt (Gambaro & Rabin 1969) und erst recht kein Phantasieobjekt genügen. Hohe Erregungsintensitäten bei Aggression (Wut) zeigen kathartische Effekte, schwache Intensitäten nur geringe (Buss 1961). Ob also aggressive Entladungen die Wahrscheinlichkeit weiterer Ausbrüche oder Akte herabsetzen, scheint beim Stand der Katharsisforschung einmal von der Intensität des Affekts, zum anderen von der beobachteten Zeitstrecke abzuhängen. Kurzfristig betrachtet, werden kathartische Effekte registrierbar, längerfristig wird erfolgreiche Aggression die Auftretenswahrscheinlichkeit eher erhöhen (vgl. Selg 1971). Letzteres ist für das Langzeit-Theorem der F-A-Hypothese von besonderer Bedeutung. Die Befunde, nach denen extensiv aggressive Erwachsene in früher Kindheit vermehrter F ausgesetzt waren (vgl. Bandura & Walters 1959, Palmer 1960), sind auch im Sinne der Aggressions-Aggressions-Folge zu deuten, außerdem liefert starkes frustrierendes Verhalten auch Verhaltensmodelle, führt also unter bestimmten Bedingungen beim Frustrierten zu Wiederholungen im Sinne der Identifikation.

Wir wiederholen: Aggressionen sind nicht immer durch F bedingt, und F führt nur unter bestimmten Bedingungen zur Aggression. Dazu gehören sowohl ein

Minimum an Erregungsintensität, aber insbesondere auch die bisherigen Erfahrungswerte für Aggression nach Frustration.

Der erfolgreiche aggressive Akt meint in unserem Zusammenhang die Elimination von Frustration, die ihrerseits mit der Beschädigung oder Schmerzzufügung des Frustrators einhergehen kann. Der Schmerz des anderen wird assoziiert mit Frustrationsbeseitigung und dann zum sekundären Verstärker. Andere Bedingungen resultieren aus weiteren jeweils antizipierten Konsequenzen aggressiver Akte. Das Aufkommen von Aggressionsbereitschaft kann selbst zum Verarbeitungsproblem werden. Die antizipierte Ausführung der Aggression wird bspw. als Bedrohung erlebt und setzt Hemmungsprozesse in Gang. Wir unterscheiden Reduktion bedrohlicher Aggressionskonsequenzen durch Abschwächung einerseits, durch Ablenkung andererseits.

Abschwächung meint die verdeckten Ausdrucksformen von Aggression, bei denen Täter und Tat zuletzt nur noch gleichsam subliminal dem Sensitiven erkennbar werden, wie dies etwa in den subtilen Gestalten und Redefiguren von Ironie der Fall ist (vgl. Stäcker 1963).

Häufiger bei der Abschwächung von Aggression sind indes Modifikationen der Reizbedingungen oder Reizbedeutungen. Hierher gehören eine Reihe der von der Psychoanalyse beschriebenen Abwehrmechanismen. So werden einerseits die Etablierung aggressions-inkompatibler Reaktionen (»Liebe deine Feinde«) oder Bedeutungsänderung (»Alles ist ein Mißverständnis«) aggressionsreduzierende Effekte haben.

Für die Ablenkung der Aggression bietet sich eine Unterscheidung danach an, ob der aggressive Akt von einem Objekt auf ein anderes verschoben wird, oder ob die ursprüngliche Fremdaggression gegen das eigene Selbst gerichtet wird (Selbstaggression).

Wichtig scheint, daß konflikthafte Aggression gegenüber dem Frustrator Tendenzen zur sogenannten Verschiebung erkennen läßt (Miller 1959). Das erwählte Aggressionsobjekt soll zum Originalreiz einen mittleren Ähnlichkeitsgrad aufweisen. Berkowitz, Green & Macaulay (1962) wiesen nach, daß Aggression vorab auf Objekte verschoben wurde, die auch vor der F bereits in irgendeinem Sinne abgelehnt wurden.

Das hier verwendete Konzept von »Ähnlichkeit« scheint indes nicht unproblematisch. Man wird stärker als bisher unterscheiden müssen, ob der Aggressionseffekt qua Affekt die Diskriminationsleistung schwächt — was also zur Generalisierung, nicht aber zur Verlagerung führt (»alle Männer sind gleich«, »alle Männer wollen doch nur dasselbe«), oder inwieweit tatsächlich Objektsubstitution vorliegt, die ihrerseits Diskriminationsfähigkeit gerade voraussetzt. Forschungsmethodisch ist »Ähnlichkeit« mithin apriori festzulegen, die ex post-Bestimmung wäre tautologisch.

Die Abwendung der Aggression vom originalen Frustrator kann schließlich auch als Selbstaggression imponieren. Nach klinischer Beobachtung sind wir der Meinung, daß dies bei verstärkter Dependenz — und insbesondere Identifikationsreaktionen vermehrt auftritt. Zum zweiten dürften selbstabwertende Einstellungen als Vorläufer gelten (Minderwertigkeitsgefühl), weiterhin werden die Weichen durch die früher ausgeführten kognitiven Lokalisierungsoperationen gestellt: die Frustrationsquelle wird im Selbst lokalisiert, verarbeitet, angegriffen, zerstört. Stark kontaktgehemmte Klienten, die damit vielfältigen frustrierenden Blockierungen ausgesetzt sind, die sie in sich selbst lokalisieren, offerieren regelmäßig starke selbstdestruktive Phantasien. So mag beispielsweise sexuelles Verhalten durch externe (Scham) oder interne (Schuld) Hemmungsorientierung blockiert sein, die resultierende masochistische Reaktion impliziert als aktive Vermeidung die Reduktion von Bestrafungsangst durch Selbstbestrafung. Der provozierte Schmerz vermeidet die größere Angst und erlaubt die Ausübung der Reaktion. Weiterhin: Der sexuelle Akt, der durch Bewertungsreaktionen frustriert wird, würde, wenn er ungehemmt abliefe, die Selbsteinschätzung wiederum frustrieren. Die Provokation zielt eben auch darauf ab, daß der Partner ihn aller Hemmungen entledigt, indem er alle idealen, moralischen Selbstanforderungen negiert. So mag der, der als schlecht und schwach betrachtet und behandelt wird, gerade dies als Befreiung von frustrierenden, blockierenden hohen Selbsteinschätzungsreaktionen erfahren, die nunmehr dem anderen gegenüber nicht mehr aufrechterhalten zu werden brauchen. Dieser Entlastung korrespondiert die Belastung des anderen, der nunmehr die Initiative für Aggression und Sexualität trägt, an denen gleichzeitig identifikatorisch partizipiert wird.

Formaler wird man frustrationstheoretisch zum masochistischen Verhalten wie folgt resümieren dürfen: die selbstabwertende und selbstbeschuldigende Reaktion hat positiven Bekräftigungswert gewonnen. Bedingung dafür ist auch hier die vorgängige Bekräftigung des später frustrierten Verhaltens. F ist unmittelbar vor der Bekräftigung dosiert, d. h. ohne Unterdrückungseffekt, aufgetreten oder ausgeführt worden. Der frustrierende Reiz wird zum diskriminativen Reiz für folgende Befriedigung.

Dies kann auch tierexperimentell realisiert werden (vgl. Holz & Azrin 1961). Die Einführung des aversiven Reizes fungiert als diskriminativer Reiz für die Präsenz von Belohnung. Die negative Stimulierung erfolgt nur in Verbindung mit positiver Reizung. Dies führt nicht nur zur Abwesenheit der sonst unter gleichen aversiven Bedingungen beobachtbaren Unterdrückungseffekte, sondern auch zu Annäherungsreaktionen. Dieses parodoxe Phänomen widerspricht keineswegs der üblichen Effektivität von Bestrafung, sondern bestätigt die Effektivität konditionierter positiver Bekräftigung. Folgende Unterscheidung ist nötig: Einmal kann ein Verhalten, das als strafaufsuchendes imponiert, gemäß der angegebenen Ableitung auf dem beschriebenen positiven Bekräftigungswert beruhen, hier wirkt gleichsam das Gesetz des kleineren Übels, die Opferstrategie, Strafe reduziert Strafe. Zum anderen kann eine bestrafte Löschung von Fluchtreaktionen zum gleichen Verhaltenseffekt führen (vgl. zuerst Gwinn 1949).

Das Versuchstier lernt Fluchtreaktion nach aversiver Reizung. Wird eine Fluchtreaktion selbst wiederum bestraft, führt dies nicht zur Fluchthemmung, sondern zur Fluchtverstärkung. Das Tier hat gelernt, nach Bestrafung zu laufen, und läuft entsprechend auch nach Bestrafung des Laufens. Es läuft gleichsam in den Schock hinein, was als strafaufsuchendes Verhalten imponiert. Motivational formuliert: Das Versuchstier läuft, weil es Furcht vor Strafe hat; wird es bei der Flucht erneut und weiterhin bestraft, wird die Flucht fortgesetzt, weil die Furcht aufrechterhalten bleibt. In der klinischen Übertragung: Betrachtet man den Alkoholabusus des »Problemtrinkers« als Flucht, so können Schuldgefühle in bezug auf einen Abusus wiederum zum Trinken führen.

Selbstabwertung und Selbstaggression scheinen uns gerade neurosentheoretisch von zentraler Bedeutung innerhalb der Frustrationsfolgen. Bleibt man zunächst im selbsttheoretischen Bezugssystem, so ist die bekannte Real-Ideal-Diskrepanz (wie bin ich — wie möchte ich sein), etwa aufgefaßt mittels der Technik des semantischen Differentials, ein brauchbarer Indikator für Selbst-Frustration.

Moses & Duval (1960) zeigten, daß hohe Diskrepanzen auch Frustrationsintoleranz bedeuten, und daß eine vermehrte Tendenz zur Wendung der Aggression gegen das Selbst unter Frustrierungsbedingung besteht. In Verfolgung dieser Ergebnisse kommen Rothaus & Worchel (1960) zu differenzierteren Resultaten: Hohe Selbstdiskrepanzen gehen auf realer Verhaltensebene mehr mit Selbstaggression, auf imaginativem Level mehr mit Fremdaggressionen einher — im Extremgruppenvergleich mit niedrigen Selbstdiskrepanzen.

Veldman & Worchel (1961) bildeten für ihren Frustrationsversuch 4 Gruppen mit Hilfe von K-Skala (MMPI) und Selbstdiskrepanzen:
1. K—, S—: angepaßt
2. K+, S—: repressiv
3. K—, S+: ängstlich
4. K+, S+: desintegrativ

Die Messung der Feindseligkeit erfolgte unmittelbar nach frustrierenden Intelligenzaufgaben bzw. 20 Minuten danach mit Hilfe eines Fragebogens (Itembeispiel: Der Testleiter ist schuld an einigen Fehlern, die ich gemacht habe). Verschobene Aggression wurde mittels eines Satzergänzungsverfahrens erfaßt. Die Ergebnisse zeigen, daß Gruppe 1 die stärkste unmittelbare Aggression und die schwächste nach 20 Minuten zeigt. Gruppe 2 zeigt unmittelbar die geringste, aber einen Anstieg nach dem Intervall. Beide S+-Gruppen zeigten mehr verschobene Aggression als S—.

Wir interpretieren dies als Beitrag zur Frage der Prädiktion von Aggressionen nach Frustration mit Hilfe von Persönlichkeitsdaten, die als Indikatoren für F-Toleranz gelten dürfen.

Konstruktion

Die Intensivierung des Verhaltens nach F wird außer oder neben den beschriebenen destruktiven Konsequenzen auch zu Handlungssequenzen führen können, die als vermehrte Anstrengung bei der Problembewältigung imponieren und im Erfolgsfall als konstruktiv bewertet werden. Das frustrierte Motiv wird durch F fokussiert, erfährt Aufwertung und Attraktivität, provoziert Einsatz und Energie. Die Barriere wird zur Provokation, der frustrierende Reiz zum Anreiz vermehrter und verbesserter Leistungen. Eine unterbrochene Verhaltenssequenz, das Versagen erwarteter Befriedigung, erzeugen kompensatorische oder auch überkompensatorische Reaktionen, die dann doch zur Zielerreichung führen, oder es kommt zur Entwicklung akzeptabler Ziel-Alternativen, oder zur Entwicklung akzeptabler Alternativ-Wege.

Es wird von der Stärke von Frustration und Frustrationstoleranz abhängen, von den real gegebenen Substituten und Alternativen, inwieweit der motivationale Effekt von F im Sinne von Konstruktion, Substitution, Restitution, Kompensation nutzbar gemacht werden kann.

Dies impliziert, daß die provozierte Intensivierung sich instrumentell und spezifisch an die Zielreaktion binden läßt, was wir integrative Intensivierung nennen wollen. Der durch F gesetzte motivationale Effekt wird damit kompatibel mit der Zielhandlung (experimentell gesprochen, mit der gemessenen Reaktion) und bewirkt Leistungsverbesserung.

Wird im Rattenexperiment die vermehrte Laufgeschwindigkeit in L_2 als abhängige Variable gesetzt, so wird F in der Regel zur Leistungserhöhung führen. Wird — wie bei Schmeck & Bruning (1968) — statt des einfachen L_2 ein komplexeres Laufmuster eingeführt, werden sowohl speed als auch Fehlerzahl erhöht.

Läßt sich die Intensivierung nicht integrativ an die Zielreaktion binden, wirkt sie sich also in unspezifischer Weise aus, so impliziert dies die Vermehrung aufgabenunspezifischer Reize, wodurch die Wahrscheinlichkeit inkompatibler Reaktionen erhöht wird. Konkurrierende Reaktionen werden als Interferenzen wirksam. Es ist festzuhalten, daß u. a. in Abhängigkeit der erzeugten Erregungsgröße die Wahrscheinlichkeitswerte variieren, mit denen solche konkurrierenden Reaktionen hervorgerufen werden.

Im Zustand äußerster Erregung, in dem gleichsam alle Fliegen an der Wand zum Ärgernis werden, oder wo Liebesentzug regressive Reiz-Reaktions-Verbindungen wie Bettnässen evoziert, werden die konkurrierenden Reaktionen die konstruktiveren oder progressiveren dominieren.

Vergleichsweise stärkere Erregung und Intensivierung wird vermehrt zu Reizen und Reaktionen führen, die mit der Zielerreichung unvereinbar sind, also deviantes Verhalten entlassen. Wir nennen dies desintegrative Intensivierung. Im Extremfall wird also bei anwachsender F und damit anwachsender Intensivierung die Wahrscheinlichkeit inkorrekter, devianter Reaktionen steigen, die ihrerseits wiederum F produzieren. Dieser motivationale Zirkel kann als zirkulärer, selbstverstärkender Prozeß verstanden werden, wie er für die Erklärung verschiedener, klinisch relevanter Symptome (z. B. Stottern) herangezogen wird. Fehler vergrößern hier die Auftretenswahrscheinlichkeit von Fehlern.

Unter verhaltensmodifikatorischem Aspekt entsteht das Problem, wie die korrekten gegenüber den konkurrierenden Reaktionen im Lernprozeß graduell vermehrt werden können. Eine gebräuchliche Intervention in den motivationalen Zirkel, in dem Frustrationen Fehler und Fehler Frustrationen erzeugen, liegt im Versuch der Reduktion der Erregungseffekte (vgl. Sedierung, Relax u. ä.), die indes häufig genug nur passagere Systemveränderungen herbeiführen. Persistentere psychologische Modifikationen werden nur über das Lernen der Integration von Intensivierungen möglich sein. Unseres Erachtens ist es allerdings weder Aufgabe der Psychologie noch insbesondere der Psychotherapie per se, die Welt oder die therapeutische Situation und Interaktion von Frustrierungen zu säubern. Milieutherapie, wenn und wo angezeigt, ist nicht Weltverbesserung. Im therapeutischen Bezugsrahmen bleibt in Anlehnung an Freud zu postulieren: Die Frustration muß in die Therapie kommen! Neurose impliziert erhöhte und inadäquate Frustrabilität, Therapie der Neurose impliziert Erhöhung der Frustrationstoleranz und damit die kontrollierte und dosierte Einführung von F. Lernziel ist die Ausführung der korrekten Reaktion in Präsenz von Frustration, die ad hoc oder ad ultimo als unvermeidbar realistisch eingeschätzt wird. Analog zur Persönlichkeitsentwicklung wird Psychotherapie immer gegenüber infantilen Ansprüchen (Lustprinzip) dem Realitätsprinzip zur Geltung verhelfen müssen (Freuds »Nachreife«) und damit dosierte Frustration setzen. »Dosierte« F bedeutet hier eine in der Erwerbsphase jeweilige Präsenzstärke von F und FE, welche die Zielerreichung nicht voll verhindert, sondern im Endeffekt zur Spezifizierung und Instrumentalisierung frustrationsbedingter Intensivierungen führt. Dabei ist im Paradigma der partiellen Bekräftigung nicht nur an eine vermehrte Persistenz des Problemlösungsverhaltens zu denken, wiewohl diese in Abhängigkeit vom Problemcharakter die Bedingung des Erfolges sein kann, sondern es wird ebenso entscheidend sein, wie die Proportionen bekräftigender und aversiver Momente innerhalb der Verhaltenssequenz ausgeprägt sind. Dominanz der aversiven Erfahrungen und Erwartungen wird immer Vermeidungsreaktionen evozieren, die in Verbindung mit gleichzeitigen Annäherungstendenzen zwar ebenfalls oft ex-

inadäquaten, repetitiven Sequenzen ohne Lösungscharakter (Fixationen) und ohne treme Reaktionspersistenzen hervorrufen, die aber dann in eingeengter Weise zu Alternativentwicklungen führen. Bei der Diskussion der konstruktiven Konsequenzen von F ist also neben dem Moment der partiellen Bekräftigung auch die diskriminative Komponente von F explikativ anzuführen.
Literarisch mit Thomas Mann gesprochen, geht es uns hier darum, aus der Not eine Überlegenheit zu machen; psychologisch gesprochen, darum, aus den motivationalen und diskriminativen Komponenten von Frustration, wie sie insbesondere bei Verhaltenssequenzen wirksam werden, welche sowohl durch bekräftigende als auch durch frustrierende Reize in definierter Proportion konstituiert werden, begünstigende Faktoren für die Problemlösung zu begründen und abzuleiten.
Erfolgreiches Problemlösen setzt Frustrationstoleranz, und diese wiederum setzt Frustration voraus.
Freilich, Probleme zu haben heißt nicht, sie gelöst zu haben, wie uns viele Neurotiker glauben machen wollen, die ihre neurotische Not mit Überlegenheit gleichsetzen. Die jede Laus, die ihnen über die Leber gelaufen ist, zum Lindwurm vergrößern und sich selber somit zum Siegfried hochstilisieren. Oder wo jeder kleine Stein des Anstoßes den Betreffenden zum Sisyphos macht. Wo die großspurige Geste des Gekreuzigten als Siegerpose gedeutet wird. Die Flucht des frustrierten Erfolglosen in die Bedeutungs-Inflation, in blasierte Bilderblähungen, Tagtraum-Triumphe mit oft verheerenden reellen Folgekosten und erheblichen Behandlungswiderständen.
Die zentrale Frustration der Frustrierten liegt in der Frustrierung ihrer »Frustrationen«, genauer, in der therapeutischen Frustrierung spezieller Verarbeitungsweisen.

4.2.2. Sekundäre Frustrationsfolge: Vermeidung

Wie wir aus den einschlägigen experimentellen Untersuchungen gesehen haben, resultiert aus dem sekundären Frustrationseffekt der negativen Erwartungen eine Abnahme der frustrierten Reaktion. Dies entspricht den allgemeinen Konsequenzen nach aversiver Reizung.
Man kann davon ausgehen, daß jede Frustration, soweit sie dominierende negative antizipatorische Reaktionen evoziert, Vermeidungstendenzen nach sich zieht. Ausweichen, Aus-dem-Felde-gehen, Rückzug, Verweigerung, Passivität umschreiben dieses Reaktionsgebiet. Die Vermeidung wird sich je nach Identifizierung der Störungsquelle auf äußere Vermeidung beziehen, als Nicht-Aufsuche des Frustrationsortes im Sinne einer externen Gegebenheit zeigen oder auch auf die frustrativen, internen Erlebnisse richten, was ein Vermeiden von Erlebnissen, Antizipationen bedeutet; Vermeiden kann sich mithin auf Objekte oder deren Repräsentanzen oder auch deren emotionale Konnotationen erstrecken.
Wir führen folgende Überlegung ein: Vermeidung im angegebenen Sinne setzt Vermeidbarkeit voraus. Diese Vermeidbarkeit kann indes reduziert sein ebenso durch äußeren Druck (das Vt wird trotz etablierter Vermeidungstendenz mittels Bestrafung forciert, die frustrierte Reaktion auszuführen), wie durch interne Bedürfnisse (Triebstärke forciert zur Ausführung der vorgängig frustrierten Reaktion) und auch durch internalisierte Standards (Selbstbewertungsreaktionen lassen Ausweichen nicht zu; Stolz, Narzißmus). Solche Pressionen und Motivationen wirken der passiven Vermeidung entgegen, führen nach unserer Auffassung

zur Folgeklasse der Wiederholungsvorgänge und/oder begünstigen das Erlernen aktiver Vermeidungsreaktionen. Letztere bedeuten, daß eine Reaktion erlernt wird, die das Eintreten der Frustrierung verhindert und damit die Ausführung der frustrierten Reaktion erleichtert.

Passive Vermeidung

Vermeidungsreaktionen resultieren aus frustrativer Erfahrung unter der Bedingung der Entwicklung negativer antizipatorischer Reaktionen. Verzicht, Aufgabe, Passivität, schließlich Apathie, sind die einschlägigen Verhaltensetikette. Die frustrierte Reaktion wird mit unterschiedlichen Generalisierungsgraden unterlassen. Es kann sich um vergleichsweise »monosymptomatische« Reaktionshemmungen bis zu klinisch relevanten Fällen genereller Apathie und Gleichgültigkeit handeln, die von frustrationstoleranter Gelassenheit zu unterscheiden wären. Die einschlägigen Experimente zum Flucht-Vermeidungs-Paradigma sind hinlänglich bekannt. Hier soll nicht darauf aufmerksam gemacht werden, daß interne Vorgänge, wie sie von der Psychoanalyse insbesondere als »Verdrängung« beschrieben werden, sich sehr wohl als Vermeidungsoperationen subsumieren lassen. In einem typischen Versuch von Sears (1937) wurden Zielreaktionen durch Einschalten einer konkurrierenden Tendenz vor dem Ziel blockiert. Die Vpn wurden zwischen zwei Sitzungen, in denen sinnlose Silben gelernt wurden, mit einer frustrierenden Kartensortieraufgabe beschäftigt. Die Beeinträchtigung der Lernleistung nach Frustrierung wird als Verdrängung gedeutet. Die Senkung der Reaktionsrate, die Reaktionshemmung, wird als passive Vermeidung zusammengefaßt. Die antizipatorischen, frustrativen Reaktionen motivieren das Subjekt zu diesem Nicht-Mehr-Ausführen der Reaktion, zum Nicht-Aufsuchen der Frustrationsquelle. Das Unterlassen der Reaktion ist passiv-präventiv. Im Gegensatz zur aktiv-präventiven Reaktion (siehe unten: aktive Vermeidung) wird also im engeren Sinne hier keine Reaktion ausgeführt, welche das Eintreten von F aktiv verhindert, sondern eine Reaktion, für die F erwartet wird, wird unterlassen. Nach aller experimentellen Evidenz ist passive Vermeidung als direkte Folge aversiver Reizung nach etablierter entsprechender Antizipation anzusehen. Aktive Vermeidung wird erst dann zur Verhaltensstrategie werden, wenn die Möglichkeiten passiver Vermeidung limitiert sind.

Aktive Vermeidung und Wiederholung

Frustriertes Verhalten erzeugt negative Erwartungen. Ist der Eintritt des frustrierten Ereignisses mehr oder weniger unvermeidbar, kommt es also nicht zu Flucht und passiver Vermeidung, so entsteht die Tendenz, bei Auftreten der antizipatorischen frustrativen Reize etwas zur Verhinderung des Eintretens der Frustration aktiv zu tun. Ziel ist damit, eine Strategie zu entwickeln, die frustrierte Reaktion unter maximaler Vermeidung von Frustration dennoch auszuführen. Im tierexperimentellen Paradigma (Skinner-Box) werden wir zunächst nach Erlernen der instrumentellen Reaktion, die zur Belohnung führt, nach Einsetzen aversiver Ereignisse, Reaktionshemmung, also passives Vermeiden, beobachten: das Tier führt den futterbringenden Hebeldruck nicht mehr aus. Die primäre Folge, die Verhaltensintensivierung, und schließlich das Hungermotiv selbst werden das Tier aber nicht in der Passivität verharren lassen. Stellen wir uns die experimentelle Anordnung so vor, daß unser Vt dabei auf eine Plattform springt, die das Licht im Käfig für 10 Sekunden löscht, und daß unter dieser veränderten Bedingung der ursprüngliche Hebeldruck wieder Belohnung einbringt. In der Folge wird mithin Diskrimination gelernt: Im Dunkeln führt Hebeldruck zum Erfolg, bei Licht zur Frustration. Das Versuchstier hat auf diese Weise eine aktive, sekundäre Vermeidungsstrategie entwickelt. Ein naheliegendes Beispiel im Humanverhalten wäre das Ausführen sexueller Reaktionen im Schutze der Dunkelheit — also unter Ausschaltung hemmender Schamgefühle. Mäuse und Mädchen lernen auf diese Weise, das »Verbotene« im Verborgenen dennoch zu tun — freilich haben letztere noch Möglichkeiten, schon allein durch die Verfügbarkeit von Sprache, aktive Vermeidungsstrategien gegen Frustration, Strafe, Schuld und Scham zu entwickeln, durch verbale Vorbeugung ebenso wie durch falsche Versprechungen.

Kehren wir zur Ausgangsüberlegung zurück: Ist eine passive Vermeidung aus den früher aufgeführten Pressionen oder Motivationen weniger möglich, liegt also reduzierte Vermeidbarkeit vor, wird also die frustrierte Reaktion dennoch ausgeführt, so wird das Subjekt eine sekundäre Vermeidungsstrategie entwickeln, deren Ziel die Durchführung der Handlungssequenz unter Ausschluß oder doch Reduktion der frustrierenden Bedingungen ist. Ein Versuchstier kann lernen, durch einen zusätzlichen Hebeldruck die Aversionsquelle auszuschalten und nunmehr störungsfrei an sein Futter zu kommen; sogenannte sexuelle Perversionen wären ein weiteres Beispiel für das Erreichen des Triebzieles unter Abschwächung von Angstmomenten. Da in diesen Fällen letztlich Bekräftigung eintritt, also sekundäres Vermeiden verstärkt wird, wird das Erlernen der ursprünglichen Verhaltenssequenz unwahrscheinlicher, insofern kann hier mit Mowrer von einem Lernen des Nicht-Lernens gesprochen werden, was von zentraler neurosenätiologischer Bedeutung ist. Mowrer hat in diesem Zusammenhang — leider mit moralistischen Untertönen — die Unechtheit, Täuschungsmanöver u. ä. im neurotischen Verhalten betont und auf solche Vermeidungsstrategien zurückgeführt.

Uns interessiert im folgenden speziell der Wiederholungscharakter von Reaktionen, der aus F unter eingeschränkter Vermeidbarkeit resultiert. Die Durchführung von Reaktionen bei bestehenden Vermeidungstendenzen wird eine Reihe recht verschiedenartiger Verhaltenskonsequenzen haben. Dies mag zu irgendeiner Eulenspiegelei führen oder im klinisch relevanten Fall zu »äußerlich« kompletten Reaktionssequenzen, bei denen indes — wie im Falle von Bedürfnisaktivitäten — die positiven emotionalen Komponenten (der »Lustgewinn«) ausbleiben. Uns scheint es theoretisch zentral und fruchtbar, solche frustrierten Reaktionssequenzen unter dem Aspekt der Wiederholung zu analysieren. Wir gehen von der These aus, daß durch F initiierte Vermeidungstendenzen bei gleichzeitig reduzierter Vermeidbarkeit zu charakteristischen Reaktionsklassen führen, die als Invariante die Wiederholung enthalten und sich als Fixierung, Regression und Identifikation klassifizieren lassen.

Wiederholung als Fixierung
Wir verdanken Freud die neurosentheoretisch zentrale Entdeckung, daß frustriertes Verhalten im Sinne der »Fixierung an das Trauma« unter bestimmten Bedingungen repetitiv wird. Im Lernprinzip sehen wir hier keinen Unterschied zwischen den Silbeniterationen im Stottern und wiederkehrenden Objektwahlen in der Sexualneurose. Der Neurotiker scheint festgelegt und eingeengt auf eben ein

Verhaltensmuster, das im Sinne des neurotischen Paradoxes zur erneuten Frustrierung führt. Der Grübelzwang, der vom Thema nicht loskommt und dies immer wieder durchkaut, ohne Lösung im doppelten Sinne, entdeckt sich spätestens in der Therapie als Fixierung an frustrierende Ereignisse oder deren Antizipationen.

»Fixierung« impliziert eine klinisch negative Bewertung und bleibt damit auf dieser Betrachtungsebene abzuheben von repetitiven Verhaltensfolgen, bei denen der Bewältigungscharakter angesichts von Problem und Barriere dominiert, wo also die erhöhte Persistenz als angemessen und angepaßt imponiert.

Neutral gegenüber solchen Bewertungen des Verhaltensproduktes bleibt aus unseren Feststellungen über die partielle Bekräftigung zu erinnern, daß intermittierende Frustrierungen die Reaktionspersistenz erhöhen. Es bleibt dann davon unabhängig zu prüfen, inwieweit diese Persistenz die Problemlösung begünstigt oder als Fixierung erschwert, was letztlich von der Stärke der Frustration abhängig sein mag. In neurosentheoretischer Anwendung wird mithin nicht nur der Ausgang nach seinen konstruktiven Merkmalen zu bewerten sein, sondern es wird diagnostisch und therapeutisch bedeutsam, die Verstärkungsverhältnisse in der Genese und den Konsequenzen von Reaktionen zu analysieren, also etwa klarzustellen, inwieweit beobachtbare Fixierungen durch voraufgehenden Bekräftigungsreiz zustandekommen.

Die bekanntesten experimentellen Ansätze zum Zusammenhang von Frustrierung und Fixierung beziehen sich auf die Untersuchungen von Maier (1943) an Ratten mit dem Sprungapparat von Lashley. Gegenüber einem Sprungbrett sind hier zwei Öffnungen angebracht, die verschieden markiert sind. Die Ratte lernt den Sprung von der Startplatte durch das korrekte Fenster zur Zielplatte, wo sie Futter vorfindet. Bei inkorrekter Wahl fällt sie in ein Netz. Frustrierung wird operationalisiert durch zufällige Anordnung von korrekt-inkorrekt. Als Folge ist erwartungsgemäß Vermeidung beobachtbar. Wird in unserem Sinne Vermeidbarkeit reduziert, d. h. wird das Vt durch Anblasen zum Sprung forciert, obwohl Vermeidungstendenz besteht und kein zielgerichtetes Verhalten mehr möglich ist, so beginnen die Tiere ein stark stereotypisiertes Sprungverhalten zu entwickeln: sie springen stur auf eine der beiden Öffnungen, egal, welche Markierung sich gerade dort befindet. Diese fixative Reaktion ist von erheblicher Persistenz und wird auch nach Wiedereinführung der Normallösung noch lange beibehalten. Die so frustrierten Tiere sind in ihrer Fähigkeit zum Umlernen erheblich beeinträchtigt.

Es wird bei der Interpretation hervorzuheben sein, daß offensichtlich gerade der Zwang, auf ein unlösbares Problem zu reagieren, die Fixation wesentlich konstituiert. Dieser Zwang bedeutet in unserem Sinne Unvermeidbarkeit.

Es ist interessant, daß klinisch orientierte Autoren (vgl. Kubie 1941; Alexander & French 1946) bereits aus therapeutischen Beobachtungen neurotischer Stereotypien zu vergleichbaren Schlußfolgerungen kamen.

Die Frustrationsfolge der Fixation, in die sowohl erhöhte Verhaltenspersistenz als auch charakteristische Repetitionen eingehen, bleibt unter dem Erfolgskriterium von den oben diskutierten konstruktiven Konsequenzen abzuheben. Indes scheint es uns theoretisch parsimonisch, beide Verhaltensklassen aus einem gemeinsamen lerntheoretischen Konstrukt abzuleiten. Gemeinsam ist die Assoziation von Frustration mit einer Zielreaktion, wobei die evozierten Vermeidungsreaktionen durch die Zielreaktionen dominiert werden, die Handlungssequenz also nicht blockiert wird. Dies soll gleichzeitig reduzierte Vermeidung oder Vermeidbarkeit bedeuten. Relevant ist dann für Konstruktion wie Fixation die These, daß die angesprochene Assoziation zu erhöhter Persistenz der Zielreaktion führt, im Falle der Begünstigung der Problemlösung als Konstruktion, im Falle der Nicht-Lösung bei gleichzeitiger Löschungsresistenz als Fixation. Wir neigen zu der Annahme, daß die Wahl der beiden Ausgänge von der Größe folgender interdependenter Parameter abhängt: objektive Lösbarkeit des Problems, Frustrationsstärke, Frustrationstoleranz. Im Beispiel: Die Frustrierung dependenter Reaktionen kann zum Anreiz aktiver Autonomie oder doch zur Entwicklung angemessener Abhängigkeitsreaktionen führen, oder sie evoziert — und zwar offensichtlich in Abhängigkeit vergleichsweise schwerer Frustrierung — eine deutliche Verstärkung regressiver Dependenzen mit dem Charakter von Wiederholung und Wahllosigkeit.

In der Erklärung der erhöhten Reaktionspersistenz nach F sind u. E. die folgenden theoretischen Momente zu berücksichtigen:
a) F hat generelle Intensivierungsfolgen
b) Die Zielerreichung trotz negativer antizipatorischer Reaktionen kann als negative Bekräftigung (sensu Skinner) interpretiert werden (Dominanz von $r_B\text{-}s_B$ über $r_F\text{-}s_F$)
c) Die frustrativen antizipatorischen Reaktionen dienen als diskriminative Reize für folgende Bekräftigung (Konditionierung von $r_F\text{-}s_F$ auf $r_B\text{-}s_B$).

Generell setzt die Persistenz-These also die Bedingung voraus, daß die aus $r_F\text{-}s_F$ resultierende Vermeidungstendenz geschwächt wird, sei es durch schwächere F, welche die Zielerreichung nicht nur dennoch ermöglicht, sondern sogar aktiviert (Konstruktion), oder durch bestehende oder eingeführte Einschränkung der Vermeidbarkeit (Drive und Druck), die bei stärkerer F und damit stärkerer Vermeidungstendenz zu zwanghafter Persistenz (Fixation) führt.

Wiederholung als Regression
Über die Wiederaufnahme früherer, bereits aufgegebener Verhaltensmuster nach Frustration ist im klinischen Bereich häufiger berichtet worden. In Anlehnung an psychoanalytische Theoriebildung werden unterschieden:
Objektregression: Das Subjekt kehrt nach Liebesenttäuschungen zu früheren libidinösen Objekten zurück (z. B. zur Mutter); Triebregression: nach Frustration eines Motivs kommt es zur Reaktivierung vglw. primitiver Bedürfnisse (z. B. Oralität); instrumentelle Regression: frustrierende Ereignisse führen zu früheren, meist inadäquaten Problemlösungsstrategien (z. B. kindliches Verhalten).
Eine Reihe von Symptomatiken werden in diesem Kontext gedeutet, man vgl. Daumenlutschen, Enuresis.
Die Wiederbelebung früherer Strategien oder Reaktionen mag als Wiederholung unter der Bedingung relativer Unvermeidbarkeit und fehlender verfügbarer rezent-angemessener Alternativen plausibel erscheinen. Weiterhin kann nach klinischer Evidenz angenommen werden, daß Regression nach Frustration im Dienste der Sicherheit in der Abhängigkeit steht.
Eine Reihe von Frustrationsexperimenten haben deutlich regressive Folgen gezeitigt. In einem frühen Rattenexperiment von Hull (1934) lernten die Vt einen 20 Fuß langen Weg zum Futter zu durchlaufen, der dann auf 40 Fuß verlängert wurde. Auch die verlängerte Strecke wird allmählich erlernt. Nach NB kehren die Tiere zum früher gelernten und verlassenen Habit zurück.
Auch in den mehrfach zitierten Kinderversuchen von Barker, Dembo & Lewin (1941) sind regressive Komponenten deutlich: Spielzeug wird durch schöneres

Spielzeug ersetzt, letzteres wird im Zugang blockiert, die Kinder nehmen ihr Spiel mit dem früheren, weniger produktiven Spielzeug wieder auf. Die via Rating erfaßte Konstruktivität des Spiels wurde nach F deutlich geringer.
Die Wiederholung früher gelernter und bereits aufgegebener Verhaltensweisen unter Frustrationsbedingungen führt angesichts der Inadäquatheit älterer Strategien gegenüber rezenten Problemen zu meist vglw. ineffizienter Problembearbeitung. In dem Maße, wie Regression Angst reduziert, werden die wiederaufgenommenen Reaktionen beträchtliche Permanenz erreichen können. Die Vermeidungskomponente wird dabei deutlich, insofern regressive Techniken auch Ausweichen vor adäquater Problembearbeitung implizieren. So mag etwa frustrierte Sexualität zur Wiederbelebung kindischer Dependenzen führen, oder die sexuelle Reaktion selbst nimmt einen instrumentell-infantilen Charakter an. Frühe und schwerwiegende Frustrationen in interpersonalen Beziehungen, soziale Deprivationen, lassen den Rückzugscharakter noch deutlicher werden, vor allem, wenn als Frustrator früheste Bezugspersonen fungieren. Über die Frustrierung von Dependenz ist oben gesprochen worden (S. 22 ff). Es ist aber komplementär darauf aufmerksam zu machen, daß neben der Frustrierung von Zuwendungsreaktionen durch versagende oder fehlende konstante Bezugspersonen auch überprotektive Sozialisierungsstrategien zu Frustrierungen der Autonomie-Bedürfnisse des Kindes werden. Mütter, die ein Trennitem wie »Mütter sollten alles über ihre Kinder wissen« pauschal mit »ja« beantworten, werden Gefühle von Selbständigkeit und Selbstvertrauen in ihrer Entwicklung blockieren. Die allgegenwärtige Mutter verunmöglicht Individualität, sie macht Individualität nur noch in der Phantasie möglich, und dies bedeutet Rückzug aus der interaktiven Realität. Die Entmachtung des Ich und dessen Ersetzung durch protektive bis feindliche Agenten scheint uns ein zentraler Baustein einer Anzahl von Ich-Störungen zu sein, der von der klinischen Beobachtung her zwingender erscheint als überall vorkommende Varianten wie das sog. »double bind«.
Dem analytisch arbeitenden Psychotherapeuten ist der regressive Charakter von Widerstand in der Therapie geläufig. Die unvermeidliche Konfrontation mit frustrativen Erfahrungen und Erlebnissen in der Therapie führt zur Wiederholung früherer Probleme und früherer Bewältigungs- und Abwehrmechanismen. Insbesondere machen sich sowohl frustrierte Abhängigkeitswünsche als auch frustrierte Autonomiebedürfnisse durch herabgesetzte Therapie-Partizipation bemerkbar. Widerständiges Schweigen in der Therapie mag so Hilflosigkeit mit dem Wunsch nach Zuwendung signalisieren oder aber Schutz der als bedroht erfahrenen Autonomie gegenüber beeinträchtigender Beeinflussung bedeuten. Für beide Fälle ist frustriertes Vertrauen die Voraussetzung.

Wiederholung als Identifikation
Die Übernahme von Verhaltensmustern wird gemeinhin Identifikation genannt. Die einschlägigen lernpsychologischen Voraussetzungen, Deskriptionen und Resultate dieses Vorganges können hier nicht dargestellt und sollen vorausgesetzt werden. Uns interessiert im folgenden die Bedeutung imitativer und identifikatorischer Prozesse auf zwei Ebenen: Einmal ist hervorzuheben, daß Verarbeitungsweisen von Frustration im Sinne der Folgen auch sozial-imitativ gelernt werden, zum zweiten insbesondere, daß die Wiederholung der frustrierten Reaktion sich auch als Identifikation mit dem Frustrator darstellen kann. Gegenüber der Wiederholung als Fixierung oder Regression kommt in diesem Falle als zusätzliches Bestimmungsstück für den Beobachter eine Subjekt-Objekt-Umkehrung hinzu;

d. h. Frustration führt zwar ebenfalls zu Wiederholungen, wobei allerdings der Frustrierte nunmehr zum Frustrierenden wird.

Versuchen wir aber zunächst einige begriffliche Vorklärungen. Zwischen Imitation und Identifikation sind gleitende Übergänge anzunehmen. Üblicherweise wird Imitation auf eher passagere, vglw. ichfernere Verhaltensweisen bezogen, Identifikation auf konstantere, charakterintegrierte, ichnähere Merkmale. Was zunächst Imitation war, kann identifikatorisch zum Merkmal der eigenen Persönlichkeit werden, wird als ununterscheidbar vom Ich erfahren, wird akzeptiertes Ich-Merkmal und nicht nur Persönlichkeits-Attribut.

Imitationen werden via Internalisationen zu Identifikationen. Wir sehen zwei weitere Unterscheidungsnotwendigkeiten: Einmal können Internalisationen auf verschiedenen Entwicklungsebenen ablaufen, sie können unterschiedlich regressivprimitiv sein, man vergleiche oral-einverleibende Prozesse als Ausdruck des Einswerdens mit dem magischen Objekt (Kommunion): wir nennen dies Inkorporation. Zum zweiten kann das Internalisierte verschieden stark akzeptiert werden, das Verinnerlichte, die Objektrepräsentanz, kann gleichsam Fremdkörper im Selbst bleiben, bleibt dissoziiert, unintegriert, wird dem Selbst attribuiert aber abgelehnt. Wir nennen dies Introjektion. Inkorporierte Introjekte spielen in der psychoanalytisch orientierten klinischen Theorie eine wesentliche Rolle und werden zur Klärung verschiedenster Symptome herangezogen, man vergleiche Vergiftungsängste oder Stimmenhören, Entfremdungserfahrungen oder Zwang.

Identifikationen scheinen uns nach ihrem Auftreten zwei Funktionen zu erfüllen: Einmal dienen sie dem Aufbau selbstregulierender Prozesse, die Identifikationsneigung ist deshalb bei ichschwächeren oder unreiferen Personen stärker. Wir unterstellen damit der Identifikation die Tendenz zur Autonomie. Beispiel: Das Kind, das nach einem verbotenen Gegenstand greift, erhält einen Schlag auf die Finger (Bestrafung); es mag die Folge resultieren, daß bei der nächsten Versuchung das Kind sich selbst auf die Finger schlägt (Imitation) und schließlich sich mit Verbot und Verbietenden identifiziert — und zwar in Absenz der Erziehungsperson das gewünschte Verhalten zeigt. Die Identifikation führt hier zur Autonomie, Selbstkontrolle, Selbstregulation. Im klinisch ungünstig bewerteten Falle (Introjektion) bleibt das Verbot zwar wirksam, wird indes weiter als ebenso intern wie fremd und bedrohlich erlebt, die Folgen sind als Gewissensbisse, Schuldgefühle, Dissoziation, Desintegration beschreibbar.

Eine zweite Funktion der Identifikation sehen wir in der Fortsetzung einer Objektbeziehung nach Verlust des Objektes. Der Verlierende nimmt die Züge des Verlorenen an, das Verlorene wird durch Internalisation bewahrt und aufgehoben. Auch dieser »Trauerarbeit« mag letztlich die Tendenz zur Loslösung und Autonomie unterstellt werden. Die Identifizierung mit dem, wovon man abhängig ist, schafft Unabhängigkeit. Die Kompensation des verlorenen Objektes durch Identifikation wird je nach Beziehungscharakter differente Konsequenzen haben. Es ist anzunehmen, daß im Falle einer betont dependent-ambivalenten Beziehung nach Verlust des Objekts klinisch relevantere Verarbeitungsformen (Depressionen) auftreten, die mit den aus der Frustration resultierenden Agressionen zu deuten sind, die ihrerseits aufgrund der Dependenz und identifikatorischer Prozesse gegen das eigene Selbst gerichtet werden. In einer Untersuchung von Patienten mit depressiven Reaktionen nach Objektverlust zeigten ein Viertel körperliche Symptome, die in deutlicher Beziehung zur Krankheit des Verstorbenen standen (Parkes 1964). Die emotionale Charakteristik und der Reifegrad der Beziehung zum Verlorenen wird im Falle der Identifikation über die Konsequenzen entscheiden: ob die »Einverleibung« (vom Kannibalismus bis zur Kommunion) zur magischen Erhöhung oder zu Erniedrigung, Selbstbestrafung, behandlungsbedürftigen Depressionen führt.

Hier liegt ein Ansatzpunkt zum Verständnis des Auftretens von Identifikationen nach Frustrationen. Das Ausbleiben der Bekräftigungserfahrung, die Nicht-Erfahrung der Bekräftigungserwartung, führen zu Wiederherstellungsversuchen, zur wiederholten Bemühung, das Verlorene wieder oder doch noch zu erlangen. Im Falle enger Kopplung von Bekräftigung und Bekräftigungsagent bedeutet Liebesverlust auch Objektverlust und umgekehrt. Das gewünschte und verlorene Objekt wird durch Internalisation bewahrt, die Identifikation hebt die Frustration auf. Gleichzeitig mag es zur Wiederholung des Frustrationsvorganges am neuen Objekt kommen, was das Phänomen der Identifikation mit dem Frustrator komplettiert. Wir neigen nach klinischer Evidenz zu folgenden Spekulationen:

Der genannte Verarbeitungsmechanismus erhält die Repräsentanz der frustrierten Objektbeziehung aufrecht, in der Frustrierung eines neuen Objektes bleibt das alte unangetastet, insbesondere vor Abwertungen und Aggressionen verschont, wird eher idealisierte, aufgewertete Modell-Person, die identifikatorisch weiter geliebt werden kann. Die aus der Frustration resultierenden Aggressionsmomente (Rache) transferieren auf andere Objekte. Gleichzeitig aber — wie bei allen Wiederholungen — auch der Versuch, eben durch Wiederholung im Sinne der Fixierung am vergleichbaren anderen Objekt doch noch zum Ziel zu kommen. Reifegrad der Identifikation und Stärke von Frustration und Frustrationstoleranz werden über Ausdruck, Komponentenverteilung und Erfolg bestimmen. Es scheint uns ein Charakteristikum neurotischer, unreifer Liebesbeziehungen und Liebesenttäuschungen zu sein, daß der frustrierende Partner auch zum geliebteren wird. Dies weist auf die Zusammenhänge von Dependenz und primitiveren Formen von Identifikation hin.

Allgemeiner soll festgehalten werden, daß F unter spezifizierten Bedingungen zu Identifikationen führt, die der Tendenz nach Problemlösungscharakter haben. Identifikationen setzen auch F voraus. Wenn die Mutter alle kindlichen Bedürfnisse befriedigt, besteht kein Anlaß zur Identifikation, das Kind lernt lediglich die Signale und Reaktionen, die zur Erfüllung seiner Wünsche führen, ob es sich um Nahrung, optimale Temperatur, Schmerzfreiheit, Zuwendung, Information oder Erfolg handelt. Sozialisierung impliziert demgegenüber Bedürfnisaufschub, Rücksicht auf andere — setzt mithin Frustrationen. Das Vorenthalten von Ressourcen führt zur Tendenz der Wiederbeschaffung und insbesondere zur Tendenz der Selbstverfügung. Wenn die Kinder ins Bett müssen, während die Erwachsenen vor dem Fernseher bleiben dürfen, mag dies ein Anreiz zum Erwachsenwerden sein. Es wird von der Stärke der Frustration, der etablierten F-Toleranz, dem Timing, der Beziehung zum Frustrator abhängen, wie die Folgen aussehen; nämlich ob F zu Identifikationen führt, die eher progressiv oder aber regressiv zu bewerten sind, die zu unangepaßten stereotypen Wiederholungen und Heteronomie oder zu vermehrter Autonomie führen. Für den Fall der Wiederholung als Identifikation im Sinne der limitierten Vermeidbarkeit läßt sich resümieren:

Wiederholung als Frustrationsfolge kann als Identifikation mit dem Frustrator imponieren. Indem der frustrierende Akt am anderen Objekt mit den Motiven von Rache und Restitution wiederholt wird, bleibt der ursprünglich Frustrierende durch Identifikation in mehrfacher Bedeutung bewahrt, die Frustration wird aufgehoben.

5. Die Tauglichkeit des Frustrationskonzepts

Die abschließende Bewertung der dargestellten Ansätze und Befunde mag als Rückblick und Ausblick konzipiert werden.
Das entwickelte Frustrationskonzept ist auf seine Tauglichkeit (vgl. Herrmann 1976) zu befragen.

a) Wir sind der Ansicht, daß die vorgenommene lerntheoretische Verankerung des Problems, insbesondere die verstärkertheoretische Ausformulierung im Sinne der Vereinheitlichung der Gesichtspunkte zu einer elaborierteren Abbildung des Gegenstands führt, ohne daß dabei — wie die abgeleiteten oder zugeordneten experimentellen Ansätze zeigen — ein Verlust an Differenziertheit in Kauf genommen werden müßte.

Schließlich konnte gleichzeitig die weithin vorwissenschaftliche Belastung des Terms durch begriffliche Präzision zumindest relativiert werden.

Diese Gesichtspunkte der Elaboration, Differenziertheit und Präzision konstituieren unter dem Aspekt der Tauglichkeit den Rekonstruktionswert des entwickelten Ansatzes.

b) Die berichteten, vielfältigen empirischen Untersuchungen weisen in der Mehrzahl Hypothesenbildungen aus, die als Herleitungen aus dem theoretischen Ansatz aufzufassen sind. Das dargestellte Konzept ist für die Entwicklung von Hypothesen geeignet.

c) Zu den provozierenden Anregungsgehalten des Konzepts zählen zweifelsohne eine Reihe von Folgeproblemen u. a. aus dem klinisch-psychologischen Bereich. So könnte beispielsweise eine frustrationstheoretische Aufarbeitung klinisch relevanter Verhaltens- und Erlebniseinheiten wie Zwang oder Depression (man vergleiche dazu die Ableitungen zu Fixation bzw. primäre Vermeidung und Aggressionsablenkung) zu Präzisierungen führen, deren Verwirklichung besondere und sicher auch neue methodische, insbesondere auch diagnostische Aufgaben stellt.

Das Frustrationskonzept liefert darüberhinaus in seiner rekonstruierten Form eine Reihe elementarer und fundamentaler Gesichtspunkte, die zur Entwicklung weiterführender empirischer Ansätze der allgemeinen und speziellen Neurosentheorie anregen, was insbesondere durch die Diskussion der Frustrationsfolgen nahegelegt wird.

Schließlich scheint uns eine Analyse psychotherapeutischer Prozeduren unter frustrationstheoretischen Gesichtspunkten theoretisch wie technisch lohnenswert. Um diese Anregung einseitig zugespitzt zu formulieren: Neurosen werden durch Frustrationen evoziert — und durch Frustrationen geheilt. Es ist unseres Erachtens bei der Darstellung psychotherapeutischer Methoden stärker als bisher zu berücksichtigen, inwieweit innerhalb der geläufigen Techniken Konfrontationen mit definierten aversiven Ereignissen kontrolliert herbeigeführt werden (Desensitivierung; Widerstands-Analyse) und inwieweit gerade diese Frustrierungen als spezifische oder unspezifische Faktoren den Therapieeffekt bestimmen.

Die Bedeutung der Frustration im therapeutischen, hier psychoanalytisch orientierten Anwendungsbereich, mag durch folgende noch populär formulierte Skizze abschließend idealtypisch veranschaulicht werden:

Jedes sogenannte neurotische Verhalten und Erleben ist durch regressive Momente und insbesondere verstärkte manifeste oder larvierte Dependenzreaktionen charakterisiert. Der Klient kommt in Abhängigkeit erfahrener Frustrationen mit der Erwartung der nach-

träglichen Befriedigung. Die therapeutische Eingangsfrage: »Was führt Sie zu mir?« beantwortet er im Modalfall mit der Schilderung seiner Leiden und Leidensgeschichten.
(Ich bin frustriert; ich bin frustriert worden; ich mag nicht länger frustriert werden.)
Relative Abstinenz und dosierte Passivität des Therapeuten setzen bereits hier leichte Frustrierungen. Im Regelfall wird dies für den Klienten zum Anreiz, seine Symptomatik und deren Umfeld noch genauer, ausführlicher, detaillierter darzustellen.
(Er hat mich noch nicht verstanden. Wenn er mich versteht, wird er mir helfen.)
Der frustrationsbedingten Intensivierung der Verbalisierung mag per se ein erster therapeutischer Effekt zugeschrieben werden (Gesprächspsychotherapie). In unserem Kontext ist in der Benennung des Frustrierenden, in der detaillierten, konkreten und emotionsgetragenen Verbalisierung der Frustration der erste Ansatz von Vermeidungsreduktion zu sehen. Der Klient fokussiert kognitive und emotionale Vermeidungen, die Konfrontation setzt die Voraussetzungen der Vermeidungsreduktion (Widerstandsanalyse). Der Klient lernt, in Präsenz dosierter Frustration, das Vermiedene, Verlorene, Unerreichte zu verbalisieren, er lernt, die Vorstellung an die Stelle des Verlorenen zu setzen und den Gedanken an das Verlorene zu ertragen. Das Vermiedene wird in der Sprache verfügbar.
Das Ausbleiben der erwarteten direkten, unterstützenden Intervention provoziert Verhaltensintensivierung. Die gleichbleibende, wohlwollende Frustrierung durch den Therapeuten führt über die intensivierte, konkretisierte Verbalisierung, mit sukzessivem Abbau des Vermeidungsverhaltens zu vermehrten regressiven Dependenzreaktionen, welche die Übertragung einleiten.
(Jetzt habe ich doch alles ausführlich gesagt. Du kannst mich jetzt voll verstehen. Sprich nur ein Wort, so wird meine Seele gesund.)
Die fortgesetzte Vorenthaltung gegenüber den vergleichsweise regressiveren Anklammerungswünschen bei magischer Überschätzung des Therapeuten wird zunehmend registriert und wird für den Klienten zum Anreiz, aus der Klagehaltung in eine aktivere Fragehaltung zu wechseln.
(Warum schweigt er soviel? Warum hilft er mir nicht?)
Diese im Gefolge dosierter Frustrierung konstruktive Konsequenz regt vermehrt zu Phantasien über die Persönlichkeit und die Motive des Therapeuten an, was als Verstärkung der Übertragungsreaktion begriffen werden mag, wobei zunehmend auch der ambivalente Charakter jeder Übertragung deutlich wird.
(Ist er vielleicht ärgerlich? Lacht er mich heimlich aus?)
Es wird deutlich, daß die dosierte, kontrollierte Frustrierung passiver und aktiver Vermeidungsreaktionen die interaktive Orientierung, wenngleich noch in regressiver Weise, provoziert. Der Klient nimmt an dieser Stelle die ursprünglich frustrierende und später vermiedene Objektbeziehung wieder auf, die damit der Behandlung und Korrektur zugänglich gemacht wird (Übertragungsneurose).
Die kindliche Abhängigkeit wird bei zunehmender Aggressionsentwicklung zu vermehrten Schuldgefühlen führen.
(Er hilft mir nicht, obwohl er doch alles verstanden hat. Ich brauche ihn aber, er sollte doch alles verstehen. Hab' ich was falsch gemacht? Ich bin schuldig, ich bin zu krank, ich bin zu schlecht. Mir kann niemand helfen, mir ist nicht zu helfen.)
(Ich mag ihn, weil ich ihn brauche; aber mich kann niemand lieben, nie hat mich jemand geliebt.)
Diese depressive bis masochistische Behandlungsphase hat im oben entwickelten Sinne betont identifikatorischen Charakter. Der Klient identifiziert sich mit den projizierten Über-Ich-Reaktionen des Therapeuten und stellt sich damit auf seine Seite, kann damit die Dependenz-Relation aufrechterhalten und versucht gleichzeitig durch Selbstaggression das bei sich Abgewehrte, Abgelehnte, zu dissoziieren.
Der Therapeut wird von der Aggression verschont.
(Ich gebe dich nicht auf, du bist mein Schutz, ich tu dir nichts, du willst mir helfen, aber du kannst nicht, weil ich so schwach und schlecht bin. Aber sieh, wie gut ich bin, weil ich mich so schlecht und schwach mache!)

An dieser Sequenzposition liegt nach unserer Erwartung und Erfahrung der kritische Punkt des Therapieverlaufs.

Der Klient demonstriert Wortlosigkeit, Wertlosigkeit. Die via Verlagerung eingetretene Selbstaggression ist rückgängig zu machen, als masochistisches Manöver zur Einsicht zu bringen, in ihren erfahrenen Antezedentien konkret und konsequent aufzuweisen (Durcharbeiten). Die Reversion der Aggressionsverlagerung impliziert den Abbau von Dependenz- und Trennungsängsten. Der Therapeut akzeptiert die Aggression und macht sie als Übertragungseffekt verständlich (Übertragungsanalyse). Die biographische Detailklärung vermittelt die Einsicht in die Anachronizität der Reaktion.

Die Zulassung der Aggression (auch er liebt mich nicht, er hat keine Einfühlung, ist unfähig für seinen Beruf, ich mag ihn nicht mehr sehen), falls Therapeut und Klient sie ertragen und bei stabilem Arbeitsbündnis durchsichtig machen können, wird nur möglich, wenn der Therapeut die bisher produzierten Dependenzreaktionen des Klienten mit Maßen frustriert hat — auch in dem Sinne, daß die therapeutisch erwünschte Attacke auf den Therapeuten nicht durch exzessives Wohlwollen des Therapeuten gleichsam moralisch verunmöglicht wird. Den Klienten in die Arme nehmen heißt, ihm die Hände binden. Die frustrierende Distanz gibt dem Klienten die Freiheit von Schuldgefühl, die ihm erlaubt, die aus Trennungsangst vermiedenen negativen Affekte nach Frustrierung zuzulassen und via Übertragungsanalyse aufzugeben und konstruktivere Alternativen zu entwickeln, die dann vom Therapeuten zu bekräftigen sind.

Um Mißverständnissen vorzubeugen: Diese Skizze soll kein Abriß eines Therapieverlaufs sein, ihr Zweck war der Nachweis, inwieweit therapeutisch induzierte Frustrierungen nicht nur implikative Bestandteile jeder psychotherapeutischen Behandlung sind, sondern geradezu notwendige Interventionen darstellen, die den Prozeß aktivieren und über die Wiederholung in jeder der oben entwickelten Bedeutungen (Fixation, Regression, Identifikation) das Problem präzisieren, Neurose und Frustration in die Therapie bringen, um sie behandelbar zu machen, schließlich den Aufbau von Frustrationstoleranz gegenüber den rezenten Problemen erst ermöglichen.

Die Erinnerungen des Patienten in den Durcharbeitungsphasen der Therapie enthalten weniger das Paradies, aus dem er nicht vertrieben werden kann, vielmehr das Paradies, aus dem er vertrieben wurde und das der Therapeut als Heilsbringer wieder zugänglich machen soll, freilich ein recht regressives Schlaraffia hinter den sieben Bergen, wo es weder Wölfe noch Stiefmütter gibt, wo die Frauen Nixen und die Männer Zwerge sind.

Die Abhängigkeit frustrativer Reaktionen von starken regressiven Erwartungen samt Wiederholung in der Therapie mag abschließend durch folgenden, wörtlich wiedergegebenen Traum illustriert sein:

»Am Anfang sehe ich ein Bild, es soll ein Kinderbild sein, aber ich sehe, daß ein Erwachsener mitgemacht hat: Kinder haben keine Perspektive, denke ich. Ich habe die »Vorstellung« eines bestimmten Kindes und einer bestimmten Mutter. Der Hintergrund des Bildes ist ein Baum und darauf sind Tiere. »Halbschablonenhaft«, denke ich. Eine Technik (der Tiere) wie mit einer Schablone und verschiedenen Perspektiven (nicht einheitlich). Es ist, als verwandle sich das Bild in Realität; jedenfalls ist da tatsächlich jetzt ein Baum: eine Birke mit blauen Blättern, wie im Herbst, wenn nur noch wenige Blätter an den Bäumen hängen. So eine Stimmung ist auch. Es regnet. Es sind viele Leute da. Nebenan ist ein Garten, da möchte ich gern reingehen. Ich spüre, daß die Leute dagegen sind. Es ist wie ein Verbot (Tabu). Ein älterer Mann geht in den Garten, er ist unscheinbar und gefühlsmäßig bin ich ihm gegenüber neutral. Er sieht auch so unbestimmt aus, er erscheint mir graubraun. Obwohl ich merke, daß die Leute es mir verbieten, gehe ich trotzdem. Im Garten ist Frühling, ganz plötzlich. Die Früchte aber sind merkwürdig weit entwickelt: Die Erdbeeren blühen zum Teil noch, aber sie haben schon große, grüne Früchte angesetzt. Ich sage das zu dem Mann, wie ungewöhnlich und verdreht ich das alles finde, wo doch erst Februar oder März ist. Die Aprikosen sind sogar schon gelb und weich, sie wachsen hier wie Erdbeeren an niedrigen Pflanzen. Ich will eine Frucht pflücken, und da merke ich, daß sie schon matschig ist, und wie ich sie anfasse, geht sie auseinander — und innendrin sind lauter Käfer! Ich habe schreckliche Abscheu. Jetzt sehe ich auch noch einen dicken Käfer in der Erde. Der Mann sagt, das ist ein soundso-Käfer (Name vergessen). In einem Erdloch ist ein Meerschweinchen. Es hat Junge. Ich zeige alles dem Mann; ich habe ganz schreckliche Abscheu, weil die Meerschweinchenjungen aussehen wie junge Mäuse, ganz nackt und mager und knochig. Mir ist ganz schrecklich zumute. Da wache ich endlich auf«.

6. Zusammenfassung

a) Im Problembereich der Frustration werden unterschieden:
  1. F. als unabhängige Variable (Frustrierung)
  2. F. als intervenierende Variable (Frustration)
  3. F. als abhängige Variable (Frustrationseffekt, Frustrationsfolge).
b) Die verstärkertheoretische Analyse des Konzepts weist Frustrierung als aversive Reizung aus, insofern applizierte Frustrierung eine Reduktion der zukünftigen Auftretenswahrscheinlichkeit der betreffenden Reaktion nach sich zieht. Frustrierung wird neben Strafe und Streß zur Klasse aversiver Reizbedingungen gerechnet. Diese Zuordnung wird empirisch begründet und belegt. Ist Strafe die Applikation noxischer Reize, so bestimmt sich Frustrierung zunächst als Elimination bekräftigender Reize.
c) Die Darstellung und Diskussion der traditionellen Frustrationsforschung wird nach drei unterscheidbaren Operationsklassen vorgenommen:
  1. Blockierung und Barriere
  2. Konflikt und Konkurrenz
  3. Liebesentzug
d) Es wird im Hinblick auf Vereinheitlichung und Präzisierung des Konzepts als Invariante der dargestellten Operationsklassen die Nicht-Bekräftigung nach Bekräftigungserfahrung und Bekräftigungserwartung bestimmt.
e) Frustrierung wird so operationalisierbar als Belohnungsreduktion und Belohnungsaufschub. Dies wird an Hand von Experimenten illustriert.
f) Die empirischen Analysen machen deutlich, daß Frustrierungsprozeduren in verschiedenen Lernexperimenten eine konstituierende Rolle spielen. Partielle Bekräftigung, Löschungsresistenz sowie Unterscheidungslernen, Verhaltenskontrast werden in diesem Sinne analysiert.
g) Unter Frustrabilität wird ein Bedingungskomplex verstanden, der nach Frustrierung über das Eintreten von Frustration entscheidet. Als wichtigste Determinanten der Frustrabilität bzw. Frustrationstoleranz gelten:
  1. Erfahrung und Erwartung
  2. Bewertung, Benennung und Bedeutung.
h) Bei den Frustrationseffekten wird als primärer Frustrationseffekt die Evozierung unspezifischer Erregung angenommen und belegt. In Abhängigkeit von Frustrierungsstärke und Frustrierungshäufigkeit ist die Ausbildung frustrativer antizipatorischer Reaktionen als sekundärer Frustrationseffekt festzuhalten.
i) Aus dem primären Frustrationseffekt wird unter der Bedingung des Eintretens längerfristiger Frustrationsfolgen eine Intensivierung des Verhaltens abgelei-

tet, die unter Destruktion bzw. Konstruktion gefaßt wird. Aus dem sekundären Frustrationseffekt wird entsprechend die Etablierung von Vermeidungsverhalten hergeleitet.
j) Frustrationsbedingte Vermeidungstendenzen werden reduziert durch relative Unvermeidbarkeit der frustrierten Reaktion. Relative Unvermeidbarkeit bei bestehender Vermeidungstendenz kann durch Druck und/oder Drive gegeben sein. Als wichtigstes Verhaltensresultat wird dann die Reaktionswiederholung angesehen, die in neurosengenetischer Spezifierung in ihren Formen von Fixation, Regression, Identifikation beschrieben wird.
k) Es wird zuletzt versucht, die Tauglichkeit des entwickelten Konzepts ansatzweise zu überprüfen. Im Anwendungskontext werden einige Gesichtspunkte zum psychotherapeutischen Vorgehen entwickelt, die sich aus frustrationstheoretischen Ableitungen zur Genese und Modifikation neurotischen Verhaltens ergeben.

Postskriptum

Die diagnostischen Aspekte unseres Gegenstandes wurden in dieser Arbeit ausgespart und sollen auch ihres Umfanges halber einer gesonderten Darstellung vorbehalten bleiben.
Eine dem gegenwärtigen Forschungsstand der Diagnostik entsprechende Einführung und Übersicht bietet Neuser (1976). Der Autor legt darüber hinaus ein diagnostisches Instrument zur Erfassung der F-Verarbeitung vor, das in Anlehnung an unser theoretisches Konzept entwickelt wurde.
Schließlich möchte ich mich bei allen Kollegen bedanken, die mir Anstöße gegeben haben, insbesondere bei Theo Herrmann und Rudolf Zerbin. Aber auch der Anregungen durch Therapie-Klienten mag gedacht sein und natürlich der Versuchstiere, über deren Verhalten wir hier berichtet haben. Unter letzteren insbesondere der Ratten, die ja nicht nur zur Verbreitung der Pest, sondern auch der Psychologie Entscheidendes beigetragen haben.

Literaturverzeichnis

Adelman, H. M. & Maatsch, J. L. 1956. Learning and extinction based upon frustration, food reward, and exploratory tendency. Journal of Experimental Psychology 52, 311—315

Alexander, F. & French, T. M. 1946. Psychoanalytic Therapy. New York: Ronald

Alker, H. A. 1968. Coping, defense and socially desirable responses. Psychological Reports 22, 985—988

Allison, J. & Hunt, D. E. 1959. Social desirability and the expression of aggression under varying conditions of frustration. Journal of Consulting Psychology 23, 528—532

Altrocchi, I., Parsons, D. A. & Dickoff, H. 1960. Changes in self-ideal discrepancy in repressors and sensitizers. Journal of Abnormal and Social Psychology 61, 67—72

Amsel, A. 1951. A three-factor theory of intuition. American Psychologist 6, 487

Amsel, A. 1958. The role of frustrative non-reward in non-continuous reward situations. Psychological Bulletin 55, 102—119

Amsel, A. 1962. Frustrative nonreward in partial reinforcement and discrimination learning. Psychological Review 69, 306—328

Amsel, A. 1967. Partial reinforcement. In: Spence, K. W. & Spence, J. T. The psychology of learning and motivation. New York: Academic Press

Amsel, A. & Hancock, W. 1957. Motivational properties of frustration. Journal of Experimental Psychology 53, 126—131

Amsel, A. & Penick, E. C. 1962. The influence of early experience of the frustration effect. Journal of Experimental Psychology 63, 167—176

Amsel, A. & Roussel, J. 1952. Motivational properties of frustration. Journal of Experimental Psychology 43, 363—368

Amsel, A. & Ward, J. S. 1965. Frustration and persistence. Psychological Monographs 79, 4, No. 597

Amsel, A., Ernhart, C. B. & Galbrecht, C. R. 1961. Magnitude of frustration effect and strength of antedating goal-factors. Psychological Reports 8, 183—186

Appel, J. B. 1963. Aversive aspects of a schedule of positive reinforcement. Journal of Experimental Analysis of Behavior 6, 423—428

Azrin, N. H. 1961. Time-out from positive reinforcement. Science 133, 382—383

Azrin, N. H. & Holz, W. C. 1966. Punishment. In: Honig, W. K. (Ed.), Operant behavior. New York: Appleton-Century-Crofts

Azrin, N. H., Hutchinson, R. R. & Hake, D. F. 1966. Extinction-induced aggression. Journal of Experimental Analysis of Behavior 9, 191—204

Bacon, W. E. 1965. Resistance of extinction following blocking of the instrumental response during acquisition. Journal of Experimental Psycholgy 69, 515—521

Badia, P. 1965. Effects of drive, reinforcement schedule, and change of schedule on performance. Journal of Experimental Psychology 69, 292—297

Baer, D. M. 1960. Escape and avoidance responses of preschool children to two schedules of reinforcement withdrawal. Journal of Experimental Analysis of Behavior 3, 155—159

Bandura, A. 1960. Relationship of family patterns to child behavior disorders. Reports Research Grant M-1734, Stanford University

Bandura, A. 1962. Social learning through imitation. In: Jones, M. (Ed.), Nebraska symposium on motivation. University Nebraska Press, Lincoln

Bandura, A. & Walters, R. H. 1959. Adolescent aggression. New York: Ronald Press

Bandura, A. & Walters, R. H. 1963. Social learning and personality development. New York: Holt, Rinehart & Winston

Bandura, A. & Walters, R. H. 1963. Aggression. In: Stevenson, H. W. (Ed.), Child psychology. Chicago.

Bandura, A., Ross, D. & Ross, S. A. 1963. Imitation of film-mediated aggression models. Journal of Abnormal and Social Psychology 66, 3—11

Barker, R. G. 1938. Frustration as an experimental problem. Character and Personality 7, 145—150

Barker, R., Dembo, T. & Lewin, K. 1941. Frustration and regression. University of Iowa Studies of Child Welfare 18. 1

Barry, H., Wagner, A. R. & Miller, N. E. 1962. Effects of alcohol and amobarbital on performance inhibited by experimental extinction. Journal of Comparative Physiological Psychology 55, 464—468

Bateson, G. 1941. The frustration-aggression hypothesis and culture. Psychological

Review 48, 350—355
Berger, D. F. 1969. Alternative interpretations of the frustration effect. Journal of Experimental Psychology 81, 475—483
Berkowitz, L. 1960. Some factors effecting the reduction of overt hostility. Journal of Abnormal and Social Psychology 60, 14—21
Berkowitz, L. 1962. Aggression. New York: Mc Graw-Hill
Berkowitz, L. 1965. The concept of aggressive drive. In: Berkowitz, L. (Ed.), Advances in experimental social psychology, Vol. 2. New York: Academic Press
Berkowitz, L. 1969. Roots of aggression. New York: Atherton Press
Berkowitz, L., Green, J. A. & Macaulay, J. R. 1962. Hostility catharsis as the reduction of emotional tension. Psychiatry 25, 23—31
Berlyne, D. E. 1960. Conflict, arousal, and curiosity. New York: McGraw-Hill
Bion, W. R. 1962. A theory of thinking. International Journal of Psychoanalysis 43, 306—310
Birbaumer, N. 1973. Neuropsychologie der Angst. München: Urban & Schwarzenberg
Birch, D. 1968. Shift in activity and the concept of persisting tendency. In: Spence, K. W. & Spence, J. T. (Ed.), The Psychology of learning and motivation. New York: Academic Press
Birch, D., Allison, J. K. & House, R. F. 1963. Extinction performance following discrimination training. Journal of Experimental Psychology 65, 148—155
Bitterman, M. E. & Schoel, W. M. 1970. Instrumental learning in animals. Annual Review of Psychology 21, 367—436
Blanchard, R. J. 1967. Effect of response blocking on the acquisition of instrumentally rewarded responses. Journal of Experimental Psychology 73, 483—484
Bloch, D. A. 1952. The delinquent integration. Psychiatry 15, 297—303
Block, J. & Martin, B. 1955. Predicting the behavior of children under frustration. Journal of Abnormal and Social Psychology 51, 281—285
Bower, G. H. 1961. Correlated delay of reinforcement. Journal of Comparative Physiological Psychology 54, 196—203
Bower, G. 1962. The influence of graded reductions in reward and prior frustrating events on the magnitude of the frustration effect. Journal of Comparative Physiological Psychology 55, 582—587
Bowlby, J. 1960. Grief and mourning in infancy and early childhood. Psychoanalytic Study of the Child 15, 9—52
Brackbill, Y. 1958. Extinction of the smiling response in infants as a function of reinforcement schedules. Child Development 29, 115—124
Brackbill, Y. & Kappy, M. S. 1962. Delay of reinforcement and retention. Journal of Comparative Physiological Psychology 55, 14—18
Brissett, M. & Nowicki, S. 1973. Internal versus external control of reinforcement and reaction to frustration. Journal of Personality and Social Psychology 25, 35—44
Bronson, W. C. 1959. Dimensions of ego and infantile identification. Journal of Personality 27, 532—545
Brown, J. S. 1961. The motivation of behavior. New York: Mc Graw-Hill
Brown, J. S. 1969. Factors affecting self-punitive locomotor behavior. In: Campbell, B. A. & Church, R. M. (Eds.), Punishment and aversive behavior. New York: Appleton-Century-Crofts
Brown, J. S. & Farber, J. E. 1951. Emotions conceptualized as intervening variables. Psychological Bulletin 48, 465—495
Brown, J. S., Martin, R. C. & Morrow, M. W. 1964. Self-punitive behavior in the rat. Journal of Comparative Physiological Psychology 57, 127—133
Brown, R. T. & Wagner, A. R. 1964. Resistance to punishment and extinction following training with shock or nonreinforcement. Journal of Experimental Psychology 68, 503—507
Burnstein, E. & Worchel, P. 1962. Arbitrariness of frustration and its consequences for aggression in a social situation. Journal of Personality 30, 528—540
Burton, R. V. & Whiting, J. W. M. 1963. The absent father and cross-sex-identity. In: Grinder, R. E. (Ed.), Studies in adolescence. New York: Macmillan
Buss, A. H. 1961. The psychology of aggression. New York: Wiley
Buss, A. H. 1963. Physical aggression in relation to different frustrations. Journal of Abnormal and Social Psychology 67, 1—7
Buss, A. H. 1966. Instrumentality of aggression, feedback, and frustration as determinants of physical aggression. Journal of Personality and Social Psychology 3, 153—162

Buss, A. H., Plomin, R. & Carver, C. 1973. Delay of frustration and aggression. Psychological Reports 32, 1074

Butterfield, E. C. 1964. Locus of control, test anxiety, reactions to frustration, and achievement attitudes. Journal of Personality 32, 355—370

Byrne, D. 1964. Childrearing antecedents of repression-sensitization. Child Development 35, 1033—1039

Byrne, D. 1966. An introduction to personality. Englewood Cliffs: Prentice Hall

Campbell, B. A., Smith, N. F. & Misanin, J. R. 1966. Effects of punishment on extinction of avoidance behavior. Journal of Comparative Physiological Psychology 62, 495—498

Capaldi, E. J. 1967. A sequential hypothesis of instrumental learning. In: Spence, K. W. & Spence, J. T. (Eds.), The psychology of learning and motivation. New York: Academic Press

Capaldi, E. J. & Hart, D. 1962. Influence of a small number of partial reinforced training trials on resistance to extinction. Journal of Experimental Psychology 64, 166—171

Capaldi, E. J. & Stanley, L. R. 1963. Temporal properties of reinforcement aftereffects. Journal of Experimental Psychology 65, 169—175

Capaldi, E. J., Hart, D. & Stanley, L. R. 1963. Effect of intertrial reinforcement of the aftereffect of nonreinforcement and resistance to extinction. Journal of Experimental Psychology 65, 70—74

Carlson, J. G. 1968. Effects of within-chain response delay upon postdelay operant performance. Psychonomic Science 11, 309—310

Carmichael, C. W. & Cronkhite, G. L. 1965. Frustration and language intensity. Speech Monographs 32, 107—111

Catania, A. C. 1961. Behavioral contrast in a multiple and concurrent schedule of reinforcement. Journal of Experimental Analysis of Behavior 4, 335—342.

Cautela, J. R. & Kastenbaum, R. 1967. A reinforcement survey schedule for use in the therapy training and reward. Psychological Reports 20, 1115—1130

Child, I. L. & Waterhouse, I. K. 1952. Frustration and the quality performance. I. Psychological Review 59, 351—362

Child, I. L. & Waterhouse, I. K. 1953. Frustration and the quality of performance II. Journal of Personality 21, 298—311

Clifford, T. & Cross, M. S. 1970. Reponse enhancement in children as a function of blocking at different distances from start and goal. Psychonomic Science 20, 327—329

Clifford, T. & Schindelheim, R. H. 1968. The frustration effect as a function of runway length. Psychonomic Science 10, 109—110

Cofer, C. N. & Appley, M. H. 1964. Motivation. New York: Wiley

Cohen, A. R. 1955. Social norms, arbitrariness of frustration, and status of the agent of frustration in the frustration-aggression hypothesis. Journal of Abnormal and Social Psychology 51, 222—226

Cole, M. & Vanfleet, F. M. 1970. The frustration effect as a function of interoceptive and exteroceptive cues in a Skinner box analogue of the double runway. Psychonomic Science 20, 33—35

Collier, G. & Marx, M. H. 1959. Changes in performance as a function of shifts in the magnitude of reinforcement. Journal of Experimental Psychology 57, 305—309

Coughlin, R. C. 1970. Frustration effect and resistance to extinction as a function of percentage of reinforcement. Journal of Experimental Psychology 84, 113—119

Crespi, L. P. 1942. Quantitative variation of incentive and performance in the rat. American Journal of Psychology 55, 467—517

Crespi, L. P. 1944. Amount of reinforcement and level of performance. Psychological Review 51, 341—357

Crum, J., Brown, W. L. & Bitterman, M. E. 1951. The effect of partial and delayed reinforcement on resistance to extinction. American Journal of Psychology 64, 228—237

Daly, H. B. 1968. Excitatory and inhibitory effects of complete and incomplete reward reduction in the double runway. Journal of Experimental Psychology 76, 430—438

Daly, H. B. 1969. Learning of a hurdle-jump response to escape cues paired with reduced reward or frustrative nonreward. Journal of Experimental Psychology 79, 146—157

Dann, H. D. 1971. Müssen Aggressionen ausgelebt werden? In: Schmidt-Mummendey, A. & Schmidt, H. D. (Hg.), Aggressives Verhalten. München: Juventa

Davenport, J. W. 1962. Interaction of magnitude and delay of reinforcement in spatial discrimination. Journal of Comparative Physiological Psychology 55, 267—273

Davenport, J. W., Flaherty, C. F. & Dyrud, J. P. 1966. Temporal persistence of frustration effects in monkeys and rats. Psychonomic Science 6, 411—412
Davies, J. C. 1962. Toward a theory of revolution. American Sociological Review 27, 5—19
Davitz, J. R. 1952. The effects of previous training on postfrustration behavior. Journal of Abnormal and Social Psychology 47, 309—315
Denker, R. 1974. Angst und Aggression. Stuttgart: Kohlhammer
Denny, M. R., Allard, M., Hall, E. & Rokeach, M. 1960. Delay of knowledge of results, knowledge of the task, and intertrial interval. Journal of Experimental Psychology 60, 327
Deutsch, M. 1949. The effects of cooperation and competition upon group process Human Relations 2, 129—152 / 199—231
Deutsch, W. 1972. Beurteilungsprozesse und Handlungskonsequenzen von unerwarteten und unerwünschten Ereignissen in sprachlicher Verschlüsselung. Marburg: Dipl.-Arbeit Psychologie, unveröffentlicht.
De Valois, R. L. 1954. The relation of different levels and kinds of motivation to variability of behavior. Journal of Experimental Psychology 47, 392—398
Dollard, J. L., Doob, W., Miller, N. E., Mowrer, O. H. & Sears, R. R. 1939. Frustration and aggression. New Haven: Yale University Press
Dollard, J., Doob, L. W., Miller, N. E., Mowrer, O. H. & Sears, R. R. 1971. Frustration und Aggression. Weinheim: Beltz
Dollard, J. & Miller, N. E. 1950. Personality and psychotherapy. New York: McGraw-Hill
Dunlap, W. P., Hughes, L. F. & O'Brien, T. 1973. Frustration effect and extent of instrumental response. Psychological Reports 32, 267—273
Dunlap, W. P., Hughes, C. F., O'Brien, T. J., Lewis, J. H. & Dachowski, L. 1971. Goalbox activity as a measure of frustration in a single runway. Psychonomic Science 23, 327—328
Eckman, J., Meltzer, J. D. & Latané, E. 1969. Gregariousness in rats as a function of familiarity of environment. Journal of Personality and Social Psychology 11, 107—114
Ekkehammar, B. & Magnusson, D. 1973. A method to study stressful situations. Journal of Personality and Social Psychology 27, 176—179
Ellen, P. 1956. The compulsive nature of abnormal fixations. Journal of Comparative and Physiological Psychology 49, 309—317
Erickson, M. T. 1962. Effects of social deprivation and satiation on verbal conditioning in children. Journal of Comparative and Physiological Psychology 55, 953—957
Erikson, E. H. 1963. Childhood and society. New York: Norton
Eron, L. D., Walder, L. O., Toigo, R. & Lefkowitz, M. M. 1963. Social class, parental punishment for aggression, and child aggression. Child Development 34, 849—867
Escalona, S. K. 1945. Feeding disturbances in very young children. American Journal of Orthopsychiatry 15, 76—80
Escalona, S. & Heider, G. M. 1959. Prediction and outcome. New York: Basic Books
Estes, W. K. 1969. Outline of a theory of punishment. In: Campbell, B. A. & Church, R. M. (Eds.), Punishment and aversive behavior. New York: Appleton-Century Crofts
Fallon, D. 1968. Resistance to extinction following learning with punishment of reinforced and nonreinforced licking. Journal of Experimental Psychology 76, 550—557
Fallon, D. 1969. Resistance to extinction following partial punishment of reinforced and/or nonreinforced responses during learning. Journal of Experimental Psychology 79, 183—185
Fehrer, E. 1956. Effects of amount of reinforcement and of pre- and postreinforcement delays on learning and extinction. Journal of Experimental Psychology 52, 167—176
Ferster, C. B. 1958. Control of behavior in chimpanzees and pigeons by time out from postitive reinforcement. Psychological Monographs 72, 8
Ferster, C. B. & Skinner, B. F. 1957. Schedules of reinforcement. New York: Appleton-Century-Crofts
Feshbach, S. 1961. The stimulating versus cathartic effect of a vicarious aggressive activity. Journal of Abnormal and Social Psychology 63, 381—385
Feshbach, S. 1964. The function of aggression and the regulation of aggressive drive. Psychological Review 71, 257—272
Festinger, L. 1954. A theory of social comparsion processes. Human Relations 7, 114—140
Festinger, L. 1957. A theory of cognitive dissonance. Row: Evanston

Festinger, L. 1961. The psychological effects of insufficient rewards. American Psychologist 16, 1—11

Finch, G. 1942. Chimpanzee frustration responses. Psychosomatic Medicine 4, 233—251

Freud, A. & Burlingham, D. T. 1944. Infants without families. New York: International University Press

Fuchs, S. S. 1960. An attempt to obtain inhibition with reinforcement. Journal of Experimental Psychology 59, 343—344

Gambaro, S. & Rabin, A. J. 1969. Diastolic blood pressure responses following direct and displaced aggression after anger arousal in high- and low-guilt subjects. Journal of Personality and Social Psychology 12, 87—94

Gardner, R. A. & Coate, W. B. 1965. Reward versus nonreward in a simultaneous discrimination. Journal of Experimental Psychology 69, 579—582

Gardner, R. W. & Moriarty, A. 1968. Personality development at preadolescence. Seattle: University Washington Press

Geen, R. G. 1968. Effects of frustration, attack, and prior training in aggressiveness upon aggressive behavior. Journal of Personality and Social Psychology 9, 316—321

Geen, R. G. & Berkowitz, L. 1967. Some conditions facilitating the occurrence of aggression after the observation of violence. Journal of Personality 35, 666—676

Gewirtz, J. L. 1954. Three determinants of attention seeking in young children. Monographs of Social Research of Child Develoment 19, No. 2

Glass, D. C. (Ed.) 1968. Biology and behavior. New York: Rockefeller University Press

Gleitmann, H. & Steinman, F. 1964. Depression effect as a function of retention interval before and after shift in reward magnitude. Journal of Comparative Physiological Psychology 57, 158—160

Glueck, S. & Glueck, E. 1950. Unraveling juvenile delinquency. Cambridge: Harvard University Press

Goldfarb, W. 1945. Psychological privation in infancy and subsequent adjustment. American Journal of Orthopsychiatry 15, 247—255

Gonzales, R. C., Gleitman, H. & Bitterman, M. E. 1962. Some observations on the depression effect. Journal of Comparative Physiological Psychology 55, 578—581

Graham, F. K., Charwat, W. A., Honig, A. S. & Weltz, P. C. 1951. Aggression as a function of the attack and the attacker. Journal of Abnormal and Social Psychology 46, 512—520

Grant, D. A. & Schipper, L. M. 1952. The acqusition and extinction of conditioned eyelid responses as a function of the percentage of fixed-ratio random reinforcement. Journal of Experimental Psychology 43, 313—320

Graumann, C. F. 1969. Motivation. Frankfurt: Akademische Verlagsgesellschaft

Grinker, R. R. & Spiegel, J. P. 1963. Men under stress. New York

Gwinn, G. T. 1949. The effects of punishment on acts motivated by fear. Journal of Experimental Psychology 39, 260—269

Haan, N. 1963. Proposed model of ego functioning. Psychological Monographs 77, No. 571

Haan, N. 1965. Coping and defence mechanisms related to personality inventories. Journal of Consulting Psychology 29, 373—378

Hall, L. A. & Marr, J. N. 1969. Incomplete reduction to reward and the frustration effect with hunger constant. Journal of Experimental Psychology 80, 493—497

Hallenborg, B. P. & Fallon, D. 1971. Influence of fear and frustration on the motivation of self-punitive behavior. Learning and Motivation 2, 26—39

Hamilton, G. V. 1916. A study of perseverence reactions in primates and rodents. Behavior Monographs 3, No. 13

Hamm, H. D. 1967. Perseveration and summation of the frustration effect. Journal of Experimental Psychology 73, 196—203

Haner, C. F. & Brown, P. A. 1955. Classification of the instigation to action concept in the frustration-aggression hypothesis. Journal of Abnormal and Social Psychology 51, 204—206

Harris, S. J., Smith, M. G. & Weinstock, S. 1962. Effects of nonreinforcement on subsequent reinforced running behavior. Journal of Experimental Psychology 64, 388—392

Hartmann, D. P. 1969. Influence of symbolically modeled instrumental aggression and pain cues on aggressive behavior. Journal of Personality and Social Psychology 11, 280—288

Hartup, W. W. 1958. Nurturance and nurturance-withdrawal in relation to the dependency behavior of preschool children. Child Development 29, 191—201

Hefferline, R. F., Keenan, B. & Harford, R. A. 1959. Escape and avoidance conditioning in human subjects without their observation of the response. Science 130, 1338—1339
Herrmann, Th. 1976. Die Psychologie und ihre Forschungsprogramme. Göttingen: Hogrefe
Hershey, G. L. & Lugo, J. O. 1970. Living Psychology. New York: Macmillan
Hetherington, E. M. & Brack Bill, Y. 1963. Etiology and covariation obstinacy, orderliness, and parsimony in young children. Child Development 34, 919—943
Hetherington, E. M., Ross, L. E. & Pick, H. L. 1964. Delay of reward and learning in mentally retarded and normal children. Child Development 35, 653—659
Hicks, D. J. 1965. Imitation and retention of film-mediated aggressive peer and adult models. Journal of Personality and Social Psychology 2, 97—100
Hilgard, E. R. & Bower, G. H. 1973. Theorien des Lernens. Deutsch von Aebli, H. und Zahn, H.-E. (2 Bde.). Stuttgart: Klett
Hokanson, J. E. & Burgess, M. 1962. The effects of status, type of frustration, and aggression on vascular processes. Journal of Abnormal and Social Psychology 65, 232—237
Hokanson, J. E. & Burgess, M. 1964. Effects of physiological arousal level, frustration, and task complexity on performance. Journal of Abnormal and Social Psychology 68, 698—702
Hokanson, J. E., Willers, K. R. & Koropsak, E. 1968. The modification of autonomic responses during aggressive interchange. Journal of Personality 36, 386—404
Holder, W., Marx, M., Holder, E. & Collier, G. 1957. Response strength as a function of delay of reward in a runway. Journal of Experimental Psychology 53, 316—323
Holmes, D. S. 1972. Aggression, displacement, and guilt. Journal of Personality and Social Psychology 21, 296—301
Holz, W. C. & Azrin, N. H. 1961. Discriminative properties of punishment. Journal of Experimental Analysis of Behavior 4, 225—232
Holz, W. C., Azrin, N. H. & Ayllon, T. 1963. Elimination of behavior of mental patients by response-produced extinction. Journal of Experimental Analysis of Behavior 6, 407—412
Horner, M. S. 1972. Toward an understanding of achievement-related conflicts in women. Journal of Social Issues 28, 157—175
Horwitz, M., Goldman, M. & Lee, F. J. 1954. Effects of two methods of changing a frustrating agent on reduction of hostility. ONR Technical Reports
Hug, J. J. 1970 a. Frustration effects after varied numbers of partial and continuous reinforcements. Psychonomic Science 21, 57—59
Hug, J. J. 1970 b. Frustration effect after development of patterned responding to single-alternation reinforcement. Psychonomic Science 21, 61—62
Hull, C. L. 1932. The goal gradient hypothesis and maze learning. Psychological Review 39, 25—43
Hull, C. L. 1934. The rat's speed-of-locomotion gradient in the approach to food. Journal of Comparative Physiological Psychology 17, 393—422
Hull, C. L. 1950. Simple qualitative discrimination learning. Psychological Review 57, 303—313
Hull, C. L. 1952. A behavior system. New Haven: Yale University Press
Hunter, W. S. 1913. Delayed reaction in animals and children. Behavior Monographs No. 2
Ison, J. R. & Northman, J. 1968. Amorbartial sodium and instrumental performance changes following an increase in reward magnitude. Psychonomic Science 12, 185—186
Janis, I. L. 1971. Stress and frustration. New York: Harcourt
Jenkins, H. M. 1961. The effect of discrimination training on extinction. Journal of Experimental Psychology 61, 111—121
Jenkins, W. O. & Stanley, J. C. 1950. Partial reinforcement. Psychological Bulletin 47, 193—234
Kagan, J. & Moss, M. A. 1962. Birth to maturity. New York: Wiley
Kaufman, A. & Baron, A. 1966. Use of withdrawal of reinforcement with the escape-avoidance paradigm. Psychological Reports 19, 959—965
Kendler, H. H., Pliskoff, S. S., D'Amato, M. R. & Katz, S. 1957. Nonreinforcements versus reinforcements as variables in the reinforcement effect. Journal of Experimental Psychology 53, 269—276
Kernberg, O. 1967. Borderline personality organization. Journal of the American Psychoanalytical Association 15, 641—685

Kimmel, H. D. & McGinnis, N. H. 1966. Frustration effect following changed S-R temporal relations. Psychonomic Science 5, 333—334

Kirkpatrick, D. R., Pavlik, W. B. & Reynolds, W. F. 1964. Partial-reinforcement extinction effect as a function of size of goal box. Journal of Experimental Psychology 68, 515—516

Kissel, S. 1965. Stress — reducing properties of social stimuli. Journal of Personality Psychology 2, 378—384

Klineberg, S. L. 1968. Future time perspective and the preference for delayed reward. Journal of Personality and Social Psychology 8, 253—257

Kocowski, T. 1970. Resistance to stress as a personality factor. Polish Psychological Bulletin 1, 25—30

Kramer, Y. & Rosenblum, L. A. 1970. Response to »frustration« in one-year-old infants. Psychosomatic Medicine 32, 243—257

Krech, D. & Crutchfield, R. S. 1968. Deutsch von Wendt, H. W. & Ewert, O. M. Grundlagen der Psychologie. Band I. Weinheim: Beltz

Kriebel, R. 1969. Zur Objektivität projektiver Verfahren. Marburg: Semesterarbeit Psychologie, unveröffentlicht

Kriebel, R. 1973. Frustrationseffekte in Abhängigkeit von positiven Verstärkern. Marburg: Diplomarbeit Psychologie, unveröffentlicht

Krippner, R. A., Endsley, R. C. & Tacker, R. S. 1967. Magnitude of G_1 reward and the frustration effect in a between subjects design. Psychonomic Science 9, 385—386

Krohne, H. W. 1972. Psychologischer Streß, Angstkontrolle und Differenziertheit der Personenwahrnehmung. Bericht aus dem Institut für Psychologie der Philipps-Universität in Marburg Nr. 32

Kubie, L. S. 1941. The repretitive core of neurosis. Psychoanalytic Quarterly 10, 23—43

Latané, B. & Schachter, S. 1962. Adrenalin and avoidance learning. Journal of Comparative Physiological Psychology 65, 369—372

Latané, B. & Walton, D. 1972. Effects of social deprivation and familiarity with the environment on social attraction in rats. Psychonomic Science 27, 9—11

Lawson, R. 1965. Frustration. New York: Macmillan

Lazarus, R. S. 1966. Psychological stress and the coping process. New York: McGraw-Hill

Leitenberg, H. 1965. Is time-out from positive reinforcement an aversive event? Psychological Bulletin 64, 428—441

Leitenberg, H. 1966. Conditioned acceleration and conditioned suppression in pigeons. Journal of Experimental Analysis of Behavior 9, 205—212

Lepley, W. M. 1940. Frustration as a function of goal-distance. Psychological Bulletin 37, 486

Lesser, G. S. 1957. The relationship between overt and fantasy aggression as a function of maternal response to aggression. Journal of Abnormal and Social Psychology 55, 218—221

Lester, D. & Cheses, K. T. 1968. Effects of deprivation upon aggression in rats. Psychological Reports 22, 1129—1133

Levy, D. 1943. Maternal overprotection. New York: Columbia University Press

Lewin, K. 1935. Dynamic theory of personality. New York: McGraw-Hill

Lewis, H. 1954. Deprived children. London: Oxford University Press

Lindzey, G. & Riecken, H. W. 1951. Inducing frustration in adult subjects. Journal of Consulting Psychology 15, 18—23

Lipsitt, L. P., Castaneda, A. & Kemble, J. D. 1959. Effects of delayed reward pretraining on discrimination learning in children. Child Development 30, 273—278

Liverant, S. & Scodel, A. 1960. Internal and external control as determinants of decision making under conditions of risk. Psychological Reports 7, 59—62

Logan, F. A. 1960. Incentive. New Haven: Yale University Press

Logan, F. A. 1968. Frustration effect following correlated nonreinforcement. Journal of Experimental Psychology 78, 396—400

Lolordo, V. W. 1967. Similarity of conditioned fear responses based upon different aversive events. Journal of Comparative Physiological Psychology 64, 154—158

Ludvigson, H. W. 1968. Interaction of midchain detention and reward magnitude in instrumental conditioning. Journal of Experimental Psychology 78, 70—75.

MacKinnon, J. R. & Amsel, A. 1964. Magnitude of the frustration effect as a function of confinement and detention in the frustrating situation. Journal of Experimental Psychology 67, 468—474.

Maier, N. R. F. 1949. Frustration. New York: McGraw-Hill
Maier, N. R. F. & Ellen, P. 1959. The integrative value of concepts in frustration theory. Journal of Consulting Psychology 23, 195—206
Mallik, S. K. & McCandless, B. R. 1966. A study of catharsis of aggression. Journal of Personality and Social Psychology 4, 591—596
Marañon, G. 1924. Contribution à l'étude de l'action émotive de l'adrénaline. Revue Française Endocrinologie 2, 301—325
Mark, J. C. 1953. The attitudes of mothers of male schizophrenics toward child behavior. Journal of Abnormal and Social Psychology 48, 185—189
Martin, B. 1963. Reward and punishment associated with the same goal response. Psychological Bulletin 60, 441—451
Martin, R. C. & Melvin, K. B. 1964. Vicious circle behavior as a function of delay of punishment. Psychonomic Science 1, 415—416
Marx, M. H. 1956. Some relations between frustration and drive. Nebraska Symposium on Motivation 4, 92—130
Matarazzo, J. P., Wieck, G. & Saslow, G. 1965. Studies of interview speech behavior. In: Krasner, L. & Ullman, L. P., Research in behavior modification. New York: Holt
McAllister, W. R. & McAllister, D. E. 1971. Behavioral measurement of conditioned fear. In: Brush, F. R., Aversive conditioning and learning. New York: Academic Press
McCain, G. 1966. Performance after reinforcement and nonreinforcement in a partial reinforcement situation. Psychological Reports 19, 402
McCain, G. & McVean, G. 1967. Effects of prior reinforcement or nonreinforcement on later performance in a double alley. Journal of Experimental Psychology 73, 620—627
McClelland, D. C. 1951. Personality. New York: Holt, Rinehart & Winston
McClelland, D. C. & Apicella, F. S. 1945. A functional classification of verbal reactions to experimentally induced failure. Journal of Abnormal and Social Psychology 40, 376—390
McCord, J., McCord, W. & Thurber, E. 1963. Some effects of paternal absence on male children. In: Gridner, R. E (Ed.), Studies in adolescene. New York: Macmillan
McCoy, D. F. & Marx, M. H. 1965. Competing responses and the partial-reinforcement effect. Journal of Experimental Psychology 70, 352—356
McHose, J. H. 1963. Effect of continued nonreinforcement on the frustration effect. Journal of Experimental Psychology 65, 444—450
McHose, J. H. 1968. Incentive reduction. Psychonomic Science 11, 313—314
McHose, J. H. 1970. Relative reinforcement effects. Psychological Review 77, 135—146
McHose, J. H. & Ludvigson, H. W. 1964. Frustration effect as a function of drive. Psychological Reports 14, 371—374
Meehl, P. E. 1950. On the circularity of the law of effect. Psychological Bulletin 47, 52—75
Melikan, L. 1959. Preference for delayed reinforcement. Journal of Social Psychology 50, 81—86
Melvin, K. B., Athey, G. I. & Heasley, F. H. 1965. Effects of duration and delay of shock on self-punitive behavior in the rat. Psychological Reports 17, 107—112
Menninger, K. 1964. Theory of psychoanalytic technique. New York: Harper & Row
Meyer, J. S. 1971. Some effects of non-contingent aversive stimulation. In: Brush, F. R. (Ed.), Aversive conditioning and learning. New York: Academic Press
Mikulka, P. J., Lehr, R. & Pavlik, W. B. 1967. Effect of reinforcement schedules on reward shifts. Journal of Experimental Psychology 74, 57—61
Milgram, S. 1966. Einige Bedingungen von Autoritätsgehorsam und seiner Verweigerung. Zeitschrift für Experimentelle und Angewandte Psychologie, 13, 433—463
Miller, D. R. & Swanson, G. E. 1966. Inner conflict and defense. New York: Schocken Books
Miller, N. E. 1941. The frustration-aggression hypothesis. Psychological Review 48, 337—342
Miller, N. E. 1948. Theory and experiment relating psychoanalytic displacement to stimulus-response generalization. Journal of Abnormal and Social Psychology 43, 155—178
Miller, N. E. 1959. Liberalization of basic S-R concepts. In: Koch, S. (Ed.), Psychology, Vol. 2, 196—292, New York: McGraw-Hill
Miller, N. E. 1960. Learning resistance to pain and fear. Journal of Experimental Psychology 60, 137—145
Miller, N. E. 1961 a. Some recent studies of conflict behavior and drugs. American

Psychologist 16, 22—24
Miller, N. E. 1961 b. Analytical studies of drive and reward. American Psychologist 16, 739—754
Miller, N. E. & Stevenson, S. S. 1936. Agitated behavior of rats during experimental extinction and a curve of spontaneous recovery. Journal of Comperative Psychology 21, 205—231
Mischel, W. & Metzner, F. 1962. Preference for delayed reward as a function of age, intelligence, and length of delay interval. Journal of Abnormal and Social Psychology 64, 425—431
Morse, W. H. 1966. Intermittent reinforcement. In: Honig, W. K. (Ed.), Operant behavior. New York: Appleton-Century-Crofts
Moses, M. & Duvall, R. 1960. Depreciation and the self concept. Journal of Clinical Psychology 16, 387—388
Mowrer, O. H. 1947. On the dual nature of learning. Harvard Education Review 17, 102—148
Mowrer, O. H. 1969. Psychoneurotic defenses as punishment-avoidance strategies. In: Campbell, B. A. & Church, R. M. (Ed.), Punishment and aversive behavior: New York: Appleton-Century-Crofts
Mowrer, O. H. & Ullman, A. D. 1945. Time as a determinant in integrative learning. Psychological Review 52, 61—90
Myer, J. S. 1971. Some effects of noncontingent aversive stimulation. In: Brush, F. R., Aversive conditioning and learning. New York: Academic Press
Neuser, J. 1976. Diagnostik der Frustrationsverarbeitung. Marburg: Diplom-Arbeit Psychologie
Nissen, H. W. 1950. Description of learned responses in discrimination behavior. Psychological Review 57, 121—131
Noblin, C. D. 1966. Differential effects of positive and negative verbal reinforcement on psychoanalytic character types. Journal of Personality and Social Psychology 4, 224—228
O'Connor, N. & Claridge, G. S. 1958. A »Crespi-effect« in male imbiciles. British Journal of Psychology 49, 42—48
Palmer, S. 1960. Frustration, aggression, and murder. Journal of Abnormal Psychology 60, 430—432
Parkers, C. 1964. Effects of bereavement of physical and mental health. British Medicine Journal 2, 274—279
Pastore, N. 1952. The role of arbitrariness in the frustration-aggression hypothesis. Journal of Abnormal and Social Psychology 47, 728—731
Patten, R. L. & Myers, D. B. 1970. Number of training trials and frustration effects of nonzero reward reduction in the double runway. Psychonomic Science 18, 291—292
Peckham, R. H. & Amsel, A. 1967. Within-subject demonstration of a relationship beween frustration and magnitude of reward in a differential magnitude of reward discrimination. Journal of Experimental Psychology 73, 187—195
Pereboom, A. C. 1957. A note on the Crespi effect. Psychological Review 64, 263—264
Peterson, L. P. 1956. Variable delayed reinforcement. Journal of Comparative Physiological Psychology, 49, 232—234
Platt, J. R. & Senkowski, P. C. 1970. Effects of discrete trials reinforcement frequency and changes in reinforcement frequency on preceding and subsequent fixed-ratio performance. Journal of Experimental Psychology 85, 95—104
Postman, L. & Bruner, J. S. 1948. Perception under stress. Psychological Review 55, 314—323
Premack, D. 1965. Reinforcement theory. In: Jones, M. R. (Ed.), Nebraska symposium on motivation. Lincoln: University Nebraska Press
Renner, K. E. 1963. Influence of deprivation and availability of goal box cues on the temporal gradient of reinforcement. Journal of Comparative and Physiological Psychology 56, 101—104
Renner, K. E. 1964. Delay of reinforcement. Psychological Bulletin 61, 341—361
Rescorla, R. A. & Solomon, R. L. 1967. Two-process learning theory. Psychological Review 74, 151—182
Reykowski, J. 1973. Psychologie der Emotionen. Donauwörth: Auer
Reynolds, G. S. 1961 a. Behavioral contrast. Journal of Experimental Analysis of Behavior 4, 57—71
Reynolds, G. S. 1961 b. Contrast, generalization, and the process of discrimination.

Journal of Experimental Analysis of Behavior 4, 289—294

Rieber, M. 1961. The effect of CS presence during delay and reward on the speed of an instrumental response. Journal of Experimental Psychology 61, 290—294

Riegels, V. 1973. Frustration. Marburg: Diplomarbeit Psychologie, unveröffentlicht

Robbins, D., Chait, H. & Weinstock, S. 1968. Effects of nonreinforcement on running behavior during acquisition, extinction, and reacquisition. Journal of Comparative and Physiological Psychology 66, 699—706

Roberts, W. A. 1966. The effects of shifts in magnitude of reward on runway performance in immature and adult rats. Psychonomic Science 5, 37—38

Rosen, A. J., Glass, D. H. & Ison, J. R. 1967. Amobarbital Sodium and instrumental performance changes following reward reduction. Psychonomic Science 9, 129—130

Rosenwein, R. 1970. Determinants of low verbal activity rates in small groups. University Michigan: Diss. Faksimile

Rosenzweig, S. 1934: Types of reaction to frustration. Journal of Abnormal and Social Psychology 29, 298—300

Rosenzweig, S. 1938. A general outline of frustration. Character and Personality 7, 151—160

Rosenzweig, S. 1944. An outline of frustration theory. In: Hunt, J. (Ed.), Personality and the behavior disorders. New York: Ronald

Rosenzweig, S. 1945. The picture-association method and its application in a study of reactions to frustration. Journal of Personality 14, 3—23

Rothaus, P. & Worchel, P. 1960. The inhibition of aggression under nonarbitrary frustration. Journal of Personality 28, 108—117

Rotter, J. B. 1966. Generalized expectancies for internal versus external control of reinforcement. Psychological Monographs 80, No. 609

Rule, B. G. & Percival. E. 1971. The effects of frustration and attack on physical aggression. Journal of Experimental Results of Personality 5, 111—118

Sackett, G. P. 1974. Sex differences in Rhesus Monkeys following varied rearing experiences. In: Friedman, R. C., Richart, R. M. & Vande Wiele, R. L., Sex differences in behavior. New York: Wiley

Sargent: S. S. 1948. Reaction to frustration. Psychological Review 55, 108—114

Schachter, J. 1957. Pain, fear, and anger in hypertensives and normotensives. Psychosomatic Medicine 19, 17—29

Schachter, S. & Singer, J. E. 1962. Cognitive, social, and physiological determinants of emotional state. Psychological Review 69, 379—399

Schmale, A. 1964. A genetic view of affects. Psychoanalytic Study of the Child 19, 170—196

Schmeck, R. R. & Bruning, J. L. 1968. Task difficulty and the frustration effect. Journal of Experimental Psychology 78, 516—520

Schmeck, R. R. & Bruning, J. L. 1970. Frustration theory and quality of performance. Psychological Reports 26, 987—994

Schmideberg, M. 1959. The borderline patient. In: Arieti, S. (Ed.), American handbook of psychiatry 1, 398—418. New York: Basic Books

Schnore, M. M. 1959. Individual patterns of physiological activity as a function of task differences and degree of arousal. Journal of Experimental Psychology 58, 117—127

Scott, J. P. 1958. Aggression. Chicago: University Press

Scull, J. W. 1973. The Amsel frustration effect. Psychological Bulletin 79, 352—361

Sears, R. R. 1937. Initiation of the repression sequence by experienced failure. Journal of Experimental Psychology 20, 570—580

Sears, R. R. 1941. Nonaggressive reactions to frustrations. Psychological Review 48, 343—346

Sears, R. R. 1958. Personality development in the family. In: Seidman, J. M. (Ed.), The child. New York: Rinehart

Sears, R. R. 1961. Relation of early socialization experiences to aggression in middle childhood. Journal of Abnormal and Social Psychology 63, 461—465

Sears, R. R., Maccoby, E. E. & Levin, H. 1957. Patterns of child rearing. Evanston: Row, Peterson

Sears, R. R., Whiting, J. W. M., Nowlis, V. & Sears, P. S. 1953. Some child rearing antecedents of aggression and dependency in children. Genetic Psychological Monographs 47, 135—234

Sears, R. R. & Wise, G. W. 1950. Relation of cup feeding in infancy to thumb-sucking and the oral drive. American Journal of Orthopsychiatry 20, 123—138

Selg, H. 1968. Diagnostik der Aggressivität. Göttingen: Hogrefe
Selg, H. (Hg.) 1971. Zur Aggression verdammt? Stuttgart: Kohlhammer
Sethi, R. R. 1973. Parent-child similarity in choice of responses to frustrating situations. Psychological Reports 32, 1227—1233
Seward, J. P., Pereboom, A. C., Butler, B. & Jones, R. B. 1957. The role of prefeeding in an apparent frustration effect. Journal of Experimental Psychology 54, 445—450
Sgro, J. A., Glotfelty, R. A. & Podlesni, J. A. 1969. Contrast effects and delay of reward in the double alleyway. Psychonomic Science 16, 29—31
Sgro, J. A., Glotfelty, R. A. & Moore, B. D. 1970. Delay of reward in the double alleyway. Journal of Experimental Psychology 84, 82—87
Skinner, B. F. 1938. The behavior of organisms. New York: Appleton-Century-Crofts
Skinner, B. F. 1948. Walden two. New York: Macmillan
Skinner, B. F. 1950. Are theories of learning necessary? Psychological Review 57, 193—216
Skinner, B. F. 1953. Science and human behavior. New York: Macmillan
Skinner, B. F. 1957. Verbal behavior. New York: Appleton-Century-Crofts
Skinner, B. F. 1966. An operant analysis of problem solving. In: Kleinmuntz, B. (Ed.), Problem solving. New York: Wiley
Solomon, R. L. 1964. Punishment. American Psychologist 19, 239—253
Solomon, R. L. & Wynne, L. C. 1954. Traumatic avoidance learning. Psychological Review 61, 353—385
Spaer, N. E., Hill, W. F. & O'Sullivan, D. J. 1965. Acquisition and extinction after initial trials without reward. Journal of Experimental Psychology 69, 25—29
Spear, N. E. & Spitzner, J. H. 1968. Residual effects of reinforcer magnitude. Journal of Experimental Psychology 77, 135—149
Spence, K. W. 1956. Behavior theory and conditioning. New Haven: Yale University Press
Spence, K. W. 1960. Behavior theory and learning. Englewood Cliffs: Prentice-Hall
Sperling, S. E. 1965. Reversal learning and resistance to extinction. Psychological Bulletin 63, 281—297
Spitz, R. A. 1945. Hospitalism. Psychoanalytic Study of the Child 1, 53—74
Stäcker, K. H. 1963. Ironie und Ironiker. Mainz. Disseration, unveröffentlicht
Staples, F. R. & Walters, R. H. 1964. Influence of positive reinforcement of aggression on subjects differing in initial aggression level. Journal of Consulting Psychology 28, 547—552
Stein, A. H. & Wright, J. C. 1964. Imitative learning under conditions of nurturance and nurturance withdrawal. Child Development 35, 927—938.
Sutherland, N. S., Mackintosh, N. J. & Wolfe, J. B. 1965. Extinction as a function of the order of partial and consistent reinforcement. Journal of Experimental Psychology 69, 56—59
Swanson, G. E. 1961. Determinants of the individual's defenses against inner conflicts. In: Glidewell, J. C. (Ed.), Parental attitudes and child behavior. Springfield: Thomas.
Tabachnik, B. R. 1962. Some correlates of prejudice toward negroes in elementary age children. Journal of Genetic Psychology 100, 193—203
Taylor, S. P. 1967. Aggressive behavior and physiological arousal as a function of provocation and the tendency to inhibit aggression. Journal of Personality 35, 297-310
Taylor, S. P. & Epstein, S. 1967. Aggression as a function of the interaction of the sex of the aggressor and the sex of the victim. Journal of Personality 35, 474—485
Terrace, H. S. 1963. Discrimination learning with and without errors. Journal of Experimental Analysis of Behavior 6, 1—17
Theios, J. & Brelsford, J. 1964. Overlearning-extinction effect as an incentive phenomenon. Journal of Experimental Psychology 67, 463—467
Thompson, D. M. 1964. Escape from $S\Delta$ associated with fixed-ratio reinforcement. Journal of Experimental Analysis of Behavior 7, 1—8
Tucker, I. F. 1970. Adjustment. New York: Academic Press
Ullmann, A. D. 1951. The experimental production and analysis of a »compulsive eating symptom« in rats. Journal of Comparative and Physiological Psychology 44, 575—581
Veldman, D. J. & Worchel, P. 1961. Defensiveness and self-acceptance in the management of hostility. Journal of Abnormal and Social Psychology 63, 319—325
Vogel, J. R., Mikulka, P. J. & Spear, N. E. 1966. Effect of interpolated extinction and level of training on the »depression effect«. Journal of Experimental Psychology 72, 51—60

Wagner, A. R. 1957. Motivational effects of non-reinforcement as a function of the reinforcement schedule. Iowa State University, unpublished
Wagner, A. R. 1959. The role of reinforcement and nonreinforcement in an »apparent frustration effect«. Journal of Experimntal Psychology 57, 130—136
Wagner, A. R. 1963 a. Overtraining and frustration. Psychological Reports 13, 717—718
Wagner, A. R. 1963 b. Sodium Amytal and partially reinforced runway performance. Journal of Experimental Psychology 65, 474—477
Wagner, A. R. 1963 c. Conditioned frustration as a learned drive. Journal of Experimental Psychology 66, 142—148
Wagner, A. R. 1966. Frustration and punishment. In: Haber R. N. (Ed.), Current research in motivation. New York: Holt, Rinehart & Winston
Wagner, A. R. 1969. Frustrative nonreward. In: Campell, B. A. & Church, R. M. (Eds.), Punishment and aversive behavior. New York: Appleton-Century-Crofts
Walters, R. H. & Brown, M. 1964. A test of the high-magnitude theory of aggression. Journal of Experimental Child Psychology 1, 376—387
Walters, R. H. & Parke, R. D. 1964. Social motivation, dependancy, and susceptibility to social influence. In: Berkowitz, L. (Ed.), Advances in experimental psychology 1, 231—273
Walters, R. H. & Parke, R. D. 1967. The influence of punishment and related disciplinary techniques on the social behavior of children. In: Maher, B. A. (Ed.), Progress in experimental personality research 4, 179—229, New York: Academic Press
Waterhouse, I. K. & Child, I. L. 1952. Frustration and the quality of performance. Journal of Personality 21, 298—311
Weinstock, A. R. 1967. Family environment and the development of defense and coping mechanisms. Journal of Personality and Social Psychology 5, 67—75
Wenrich, W. W., Eckman, G. E., Moore, M. J. & Houston, D. F. 1967. A trans-response effect of partial reinforcement. Psychonomic Science 9, 247—248
Werbik, H. 1974. Theorie der Gewalt. München: UTB 168, Fink
Whiting, J. M. W. 1944. The frustration complex in Kwoma society. Man 44, 140—144
Whiting, J. M. W. 1954. The cross-cultural method. In: Lindzey, G. (Ed.), Handbook of social psychology I. Cambridge: Addison-Wesley 523—531
Wichmann, U. 1975. Psychologischer Stress. Diplom-Arbeit Psychologie, FU Berlin
Wickler, W. 1974. Ist Aggression ein spontan anwachsendes Bedürfnis? In: Schmidbauer, W. (Hg.), Evolutionstheorie und Verhaltensforschung. Hamburg: Hoffmann & Campe
Wike, E. L., Cour, C. A. & Sheldon, S. S. 1967. Delay of reward as a secondary reinforcer. Psychonomic Science 9, 377—378
Wilcoxon, H. C. 1952. »Abnormal fixation« and learning. Journal of Experimental Psychology 44, 324—333
Williams, S. B. & Williams, E. W. 1943. Barrier-frustration and extinction in instrumental conditioning. American Journal of Psychology 56, 247—261
Wilson, R. S. 1963. On behavior pathology. Psychological Bulletin 60, 130—146
Wilson, W., Weiss, E. J. & Amsel, A. 1955. Two tests of the Sheffield hypothesis concerning resistance to extinction, partial reinforcement, and distribution of practice. Journal of Experimental Psychology 50, 51—60
Worchel, F. 1958. Personality factors in the readiness to express aggression. Journal of Clinical Psychology 14, 355—359
Worchel, P. 1960. Hostility. In: Wilner, D. (Ed.), Decisions, values and groups. I. New York: Pergamon Press
Yorcowzer, M., Vlases, A. D. & Friedman, H. 1960. Partial reinforcement effects as a function of number of acquisition trials and percent reinforcement. Psychological Reports 7, 499—501
Yates, A. J. (Ed.), 1965. Frustration and conflict. Princeton: Van Nostrand
Zimmermann, J. & Ferster, C. B. 1963. Intermittent punishment of $S\Delta$ responding in matching-to-sample. Journal of Experimental Analysis of Behavior 6, 349—356

Kohlhammer Standards Psychologie

Basisbücher - Studientexte

— Eine Auswahl —

K. Haagen/R. Pertler
Methoden der Statistik, Band I
206 Seiten. **Basisbuch**
Kart. DM 29,80
ISBN 3-17-001955-4

Bernhard Orth
Einführung in die Theorie des Messens
132 Seiten. **Studientext**
Kart. DM 26,—
ISBN 3-17-002055-2

Reiner Fricke
Kriteriumsorientierte Leistungsmessung
120 Seiten. **Studientext**
Kart. DM 19,80
ISBN 3-17-001728-4

Ekkehart Frieling
Psychologische Arbeitsanalyse
103 Seiten. **Studientext**
Kart. DM 17,80
ISBN 3-17-001326-2

Waldemar Lilli
Soziale Akzentuierung
93 Seiten. **Studientext**
Kart. DM 15,80
ISBN 3-17-001357-2

F. Merz/I. Stelzl
Einführung in die Erbpsychologie
112 Seiten. **Studientext**
Kart. DM 19,80
ISBN 3-17-001379-3

Gisla Gniech
Störeffekte in psychologischen Experimenten
104 Seiten. **Studientext**
Kart. DM 19,80
ISBN 3-17-001401-3

Reinhold Scheller
Psychologie der Berufswahl und der beruflichen Entwicklung
112 Seiten. **Studientext**
Kart. DM 17,—
ISBN 3-17-001768-3

H. Mandl/A. Zimmermann
Intelligenzdifferenzierung
94 Seiten. **Studientext**
Kart. DM 18,—
ISBN 3-17-002353-5

Werner H. Tack
Stochastische Lernmodelle
112 Seiten. **Studientext**
Kart. DM 22,—
ISBN 3-17-002055-2

Heinz W. Krohne
Angst und Angstverarbeitung
86 Seiten. **Studientext**
Kart. DM 15,80
ISBN 3-17-001356-4

Heinz W. Krohne
Theorien zur Angst
120 Seiten. **Studientext**
Kart. DM 17,—
ISBN 3-17-002802-2

Auf Wunsch erhalten Sie unser Gesamtverzeichnis »Psychologie«

Verlag W. Kohlhammer
Urbanstraße 12-16 Postfach 747 7000 Stuttgart 1

Psychologie in Studium und Praxis

— eine Auswahl —

F. J. Mönks/A. M. P. Knoers
Entwicklungspsychologie
Eine Einführung
Unter Mitarbeit von F. J. van der Staay
192 Seiten. Leinen DM 29.80
ISBN 3-17-002766-2

U. M. Lehr/F. E. Weinert (Hrsg.)
Entwicklung und Persönlichkeit
Beiträge zur Psychologie intra- und
interindividueller Unterschiede
220 Seiten. Kart. DM 26,—
ISBN 3-17-002303-9

Dirk Revenstorf
Lehrbuch der Faktorenanalyse
360 Seiten. Leinen DM 68.—
ISBN 3-17-001359-9

Wolfgang Hawel (Hrsg.)
**Datenverarbeitung in der
Psychologie**
128 Seiten. Kart. DM 19.80
ISBN 3-17-001454-4

Walter J. Schraml
Abriß der Klinischen Psychologie
2. Aufl. Urban-Taschenbücher, Bd. 116
DM 6.50. ISBN 3-17-232251-3

Petra Halder
Verhaltenstherapie
2. Aufl. Urban-Taschenbücher, Bd. 167
DM 6.50. ISBN 3-17-002244-2

M. Reiss/P. Fiedler/R. Krause/
D. Zimmer
Verhaltenstherapie in der Praxis
Ausgewählte Behandlungsbeispiele
192 Seiten. Kart. DM 22.—
ISBN 3-17-002390-X

Hanko Bommert
**Grundlagen
der Gesprächspsychotherapie**
Theorie — Praxis — Forschung
180 Seiten. Kart. DM 19.80
ISBN 3-17-001341-6

Herbert Selg (Hrsg.)
Zur Aggression verdammt?
Ein Überblick über die Psychologie
der Aggression
4., überarb. und erw. Auflage
184 Seiten. Kart. DM 19.80
ISBN 3-17-002220-2

Siegfried Elhardt
Tiefenpsychologie
Eine Einführung
5. Aufl. Urban-Taschenbücher, Bd. 136
DM 8.—. ISBN 3-17-004039-1

Romuald K. Schicke
Sozialpharmakologie
Eine Einführung
96 Seiten. Kart. DM 14.80
ISBN 3-17-002640-2

Hans-Jürgen Möller
**Methodische Grundprobleme
der Psychiatrie**
160 Seiten. Kart. DM 22.—
ISBN 3-17-002636-4

Hans Hartmann
Psychologische Diagnostik
Auftrag — Testsituation — Gutachten
2. Aufl. Urban-Taschenbücher, Bd. 135
DM 6.50. ISBN 3-17-001252-5

Auf Wunsch erhalten Sie unser Gesamtverzeichnis »Psychologie«

Verlag W. Kohlhammer
Urbanstraße 12-16 Postfach 747 7000 Stuttgart 1